幼兒的
讀寫‧專注力遊戲

阿鎧老師
小一先修班
（適用3～8歲）

讓孩子仔細讀、認真寫、專心上課

兒童專注力發展專家 **張旭鎧**／著

新手父母

U0008390

阿鎧老師小一先修班 ➡

幼兒的讀寫‧專注力遊戲
讓孩子仔細讀、認真寫、專心上課

暢銷增訂版

前　言　幼兒寫字迷思大解析

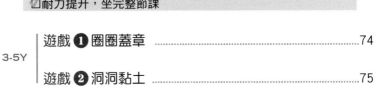

專注力遊戲 ▶

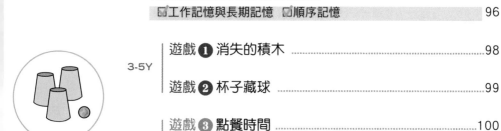

加強遊戲

請參見 P.122

請參見 P.131

PART**3** 小一先修班：上小學前應做好的準備 ······ **133**

PART 4　阿鎧老師寫字 Q & A ⋯⋯⋯⋯ 177

專欄目錄 ▶ 延伸討論

讓孩子快樂學運筆！

　　進入小一對爸媽或是小朋友來說，都是全新的人生里程，雖然多數小朋友已經有上幼兒園團體生活的經驗，但是小學一年級會更加要求規律、秩序、準確性，同時也會面臨家庭作業的學習，所以，爸媽自然會注意到孩子是否具有基本的寫字或是認字能力，也會想知道在上小一之前，孩子的運筆能力要達到什麼樣的程度。

　　因為小一開始，孩子就會面臨學習注音符號、寫作業、考試等等學習，需具備聽說讀寫字的基礎，所以，家長也可能會在幼兒園階段就買有關小一先修班的書籍來閱讀，我們這本書也是因此而誕生的。同時家長還會注意幼兒園有沒有安排寫字的課程，或是自行買寫字練習本來讓孩子練習。

讓孩子有機會接觸紙筆

　　我想和家長分享的觀念是讓孩子在上小一之前，就有機會接觸紙筆，然後讓孩子了解運筆的方式，不管是寫字或是畫字都可以，只要孩子能夠寫出可與他人溝通的文字或是圖象就是符合他的年紀表現，在幼兒園以及小一的階段並不需要刻意在意孩子的字寫得美不美。

我們要讓孩子愛上運筆的樂趣，讓他覺得學習文字是一件很有趣的事，而不是告訴他，你每次都要把字寫對，或是要把字寫得很漂亮。

幼兒園階段寫字是一種遊戲

其實，每個孩子看到筆就會想要拿來寫字或是畫圖，因為他們會覺得筆是一個很神奇的東西，拿著筆可以畫出顏色或線條；加上孩子會注意父母平時就會拿筆寫字，所以他就想要模仿大人在紙上塗塗畫畫，然後認為自己也是在寫字。

幼兒園階段就是要順應孩子的自然發展，讓孩子把寫字當成學習或是遊戲，看見孩子寫得很專注、很認真，父母就應給予鼓勵，然後偶爾給他一些示範或是主題，例如告訴他來練習寫個王、白或是來畫直線、畫圓圈，而不需要用大人的眼光去評價孩子一定要寫什麼字、寫得對不對、寫得好不好看。

上小一前的暑假開始練習

如果孩子從 2、3 歲就有機會接觸紙筆，相信到幼兒園大班時，可能就已經有不錯的運筆掌握力，這時再來練習認識注音符號或是寫注音符號，對多數孩子來説並不會很困難。

所以，我建議家長可以考慮在上小一前的暑假，比較完整及系統性的開始教小朋友寫注音符號，有些幼兒園大班也可能會安排注音符號的教學，不管是家長教還是老師教，重點都是讓孩子有興趣學。

　　可以利用讀故事書的方式來認字或是在家中的物品上貼注音符號字卡，然後讓孩子找字、認字，或是一起比賽寫注音符號。盡量不要一板一眼要求孩子背下注音符號的長像，然後像考試一樣要孩子寫出來，寫錯了就責怪孩子，這樣反而會讓孩子覺得學習注音符號很無聊又很痛苦。

上小學時再配合老師的課程

　　上小學之後老師也會開始教注音符號，這時家長只要陪伴孩子多做遊戲，例如玩拼音遊戲，看見蘋果就一起説ㄆㄧㄥˊ ㄍㄨㄛˇ，讓孩子更快熟悉注音符號，懂得運用注音符號。

　　希望藉由這一本書提供爸媽正確對待孩子讀寫字的練習，以及從許多學寫字遊戲中提升孩子的專注力。

前言

幼兒寫字
迷思大解析

迷思 1　太早寫字，握筆姿勢會不對？

很多爸媽會希望孩子一開始拿筆的姿勢就是對的，希望孩子像大人一樣利用拇指、食指及中指協調地握住筆然後寫字、畫畫。事實上，一個 3、4 歲，甚至是 2、3 歲就開始拿筆的孩子，是不可能一開始握筆，就有辦法握得出與大人相同的姿勢，就像小朋友學騎腳踏車，必須從四輪（輔助輪）慢慢進步到二輪，沒辦法立即就學會騎二輪的腳踏車。

因為通常要到 4 ～ 6 歲左右，孩子才會擁有比較靈活運用三指以及腕力來控制筆的能力，所以，最初孩子可能是用整個手掌抓住筆的方式，或是看起來有點奇怪的握筆姿勢，這都是自然的運筆發展過程家長不用擔心。

而握筆的關鍵應在於「握筆要早，但是寫字要晚」，也就是孩子一開始只要喜歡拿筆畫畫或假裝寫字就可以了，幼兒期並不需要刻意教孩子寫特定的文字，而最初握筆的姿勢只要孩子覺得順手，畫得出來就合適。

慢慢地，等孩子 5、6 歲之後會畫的東西越來越多，對於筆的掌握力也越來越好，這時候再教孩子用接近大人的成熟握筆姿勢，孩子就會發現這樣更能靈活控制筆觸，他就會調整姿勢，也應該說他才有能力去調整姿勢，所以，當孩子小肌肉能力還沒達到成熟時，父母要在意的是他對於拿筆的喜愛，不用太在意是否使用標準的握筆姿勢。

前言

幼兒寫字迷思大解析 ↓ 迷思 ❶ ：太早寫字，握筆姿勢會不對？、迷思 ❷ ：太早握筆怕耽誤其他學習？

Tips

> 初學握筆時，請為孩子準備粗一點的色筆或蠟筆，因為這樣比較好抓握，孩子操作上才比較容易。

迷思 2　太早握筆怕耽誤其他學習？

　　握筆對孩子來說多半是從畫畫開始，先畫一些看不出內容的線條、圖案，不過，他可能會說是在畫小狗、小貓，慢慢地孩子握筆能力變成熟了，他就會畫出更接近實物的東西，例如一朵花、一台車。一開始家長不用在意孩子畫得像不像，這並不是重點，重點是孩子拿了筆要畫什麼？這時候爸媽可以教孩子觀察身旁的人事物，例如畫一個大太陽、描繪自己的小手、一塊餅乾，在觀察畫畫對象的過程中，可以幫助孩子提升注意力及觀察力，所以，及早握筆並不會耽誤孩子的其他學習，反而有助於孩子的學習。

　　家長比較常出現的錯誤觀念是認為，一握筆就要開始學寫字了，寫數字、寫注音符號、寫英文字母、寫國字，可是這些文字或符號對孩子來說是抽象的，沒有一個實際的物體可以觀察，於是孩子會覺得寫字不好玩，或是為了學會這些抽象的字，只好坐在椅子上單調的看著範本，這樣就可能阻礙了孩子的學習樂趣。所以，要擔心的是太早要求孩子認字、寫字，會耽誤學習樂趣，但不需要擔心會影響其他的學習。

相信所有家長也知道，孩子不可能長時間拿著筆畫畫或寫字，6、7歲階段的孩子對於單一項事物的專注力大概只能維持 10 分鐘左右，所以，孩子最多拿筆畫或寫個 30 分鐘，他就會去做別的事了。

阿鎧老師重點叮嚀！

數字、注音符號、英文字母等，可以等孩子幼兒園大班，小肌肉運用比較成熟時再考慮教孩子寫，時機成熟了學習的速度就會很快，如果時機還不成熟，寫了既不像，寫過也很快就會忘記。

迷思 3　線都畫不好了，不應該學寫字？

畫線和寫字是可以同時進行的，寫字也是一種線條的組合，所以，家長不用拘泥於一定要先從畫直線、畫圓圈開始，只要孩子覺得寫起來有樂趣，先寫字或先畫線都可以。例如有個孩子姓王，那就教孩子學畫三條線加一直線的組合，並告訴孩子這就是王字。

另外，有些家長會覺得孩子應該先學寫注音符號，以後才學寫國字，其實這也是不必要的堅持，因為對孩子來說，注音符號或是國字都是線條的運用，所以，教孩子寫注音符號及簡單的國字是沒有先後順序的，只要孩子有興趣，同步或先學會寫國字，再來寫注音符號也無不可。

不過，家長要了解的是，漸進的概念，孩子一開始畫的線可能都是歪七扭八，畫的圓也一點都不圓，這是很正常的，因為一定要等手控筆的能力提升了，加上經常的練習，孩子才有可能畫出比較精細的線條，寫出比較方正的文字。

阿鎧老師重點叮嚀！

坊間有一些線條練習本，或是平板也有許多線條遊戲，都可以讓孩子當成遊戲來練習，這些能訓練孩子的手眼協調性，幫助小肌肉的發展。不過，一樣要留意練習的時間，大概 30 分鐘就要休息或進行其他的活動。

迷思 4 　視覺還沒發育好，寫字會造成斜視？

寫字會造成斜視或是近視的原因，主要是因為握筆姿勢不正確或是坐姿不對、光線不夠，並不是視覺沒有發育好，因為視覺如果沒有發育好，可能是看東西不清楚，畫不出清楚的內容，但不會因此變成斜視。

有的小朋友可能習慣身體側一邊來寫字，或是握筆很低必須彎著頭才看到紙上的字，長期下來就可能變成身體斜斜的或是頭歪歪的塗鴉或寫字習慣。所以，如果孩子已經進入較長時間塗鴉或學習寫字的年紀，最好為他準備適合的桌椅及檯燈，讓他坐正身體寫字，

同時也為他準備較粗的筆，讓他用比較適當的握筆姿勢來寫字，就比較不會產生姿勢不良的困擾。

另外，如果是先天的斜視問題，那不管有沒有寫字，斜視問題都會存在。家長如發現孩子看人、玩玩具、寫字，好像眼神的角度都是斜斜的看，就要注意有無視力發展的問題，這時候請找眼科醫師進行檢查，才能給予孩子最好的幫助。

阿鎧老師重點叮嚀！

> 我們知道孩子的視力大約到 6 歲會有 0.8 ～ 1.0 的視力表現，但學習是從一出生就開始的，不是要等視力完全成熟了孩子才開始進行握筆學習。所以，父母要注意的是孩子寫字、畫畫的姿勢及光線，而不是禁止孩子太早握筆寫字或畫畫，否則可能會讓孩子錯過了學習的黃金時期。

迷思 5　小肌肉發展不好，不應該拿筆？

小孩都愛拿筆，因為筆可以畫出線條或顏色，會讓孩子覺得很有趣，而且小孩也會想模仿大人拿筆，但小學之前孩子的小肌肉本來就還未發展完全，所以，我們要為他們準備合適的筆。例如粗的色筆、蠟筆、簽字筆或小朋友專用筆，而避免直接讓小朋友使用太細不好抓握的原子筆、細鉛筆。

前言

幼兒寫字迷思大解析 ↓ 迷思 ❺：小肌肉發展不好，不應該拿筆？、迷思 ❻：孩子寫字像鬼畫符，是寫字還是畫字？

　　不需要因為小肌肉發展不好就不讓他拿筆，因為拿「對」的筆來畫畫或寫字反而可以訓練孩子的小肌肉發展。

　　而如果感覺孩子的小肌肉發展比較慢，也可以多增加一些日常的訓練，例如玩需要用手指按、拉、轉的玩具、讓孩子開關瓶蓋、讓孩子扣鈕釦等等，也都可以提升孩子的小肌肉發展，幫助他更有能力拿筆塗鴉。

阿鎧老師重點叮嚀！

　　每個孩子的發展成熟度是不一致的，有些小朋友 3、4 歲小肌肉靈活度和腕力就已經很好，可以畫出很穩的線條，有的孩子要到 5、6 歲才能把筆握好，孩子是否做好了寫字的準備是因人而異的，沒有絕對的標準年紀。

迷思 6　孩子寫字像鬼畫符，是寫字還是畫字？

　　孩子一開始寫字就是在畫字，字對孩子來說是一種圖象，並不是大人所認為的文字，所以，有些孩子寫的字還可能是相反字，或是少了幾筆或多了幾筆的字。

　　孩子最初的學習會先從右腦開始運作（以圖像來思考和記憶），他會把文字看成一張圖，畫圖本來就很難畫得一模一樣，所以，當

父母說他字寫錯了、寫反了，他會覺得長得差不多啊！必須等時間久了，寫的字量增加，認得的字也多了，孩子才會發現原來字是有方向性、有筆順、有固定的筆畫數，多一筆少一筆就是不一樣的字。

而這通常要等到 5～7 歲之後，孩子對於文字的觀察力提升了，才有能力分辨字的細部差異，這時候也會從畫字進入寫字的階段。

所以，學齡前的孩子拿筆我們或許不要稱之為寫字，應該叫做運筆的練習，也就是他先熟悉如何操作一支筆，如何把線條畫直、把字寫在框框中，或是把字大小排列整齊一些，這對孩子來說都是需要時間才會慢慢成熟，不用擔心孩子鬼畫符，畫久了就越來越像了，時間到了孩子自然就會寫出文字。

阿鎧老師重點叮嚀！

父母不要批評孩子的「鬼畫符」，反而要多鼓勵，因為這些童趣的塗鴉或文字對孩子來說也是一種創造力及想像力，如果爸媽可以收藏到孩子 5、6、7 歲……不同年齡為父母所畫的畫像，你會發現「鬼畫符」也是很有藝術性的抽象畫。

PART 1

幼兒發展知多少？
寫字需具備的能力

練習寫字前，
父母應有的正確觀念

孩子準備要練習寫字了，希望父母先有正確的觀念來看待孩子學習寫字的過程，幫助孩子喜歡寫字、輕鬆寫字，將來上小一之後，孩子就不會對寫字產生挫折感。

⭐ 文字是用來溝通的，不需先強調美醜

文字最基本的用途是用來溝通的，所以，看得懂、可以了解意思最重要。美或醜將來隨著孩子逐漸成長，字體就會改變，曾有人做過研究，發現很多人是青少年期或談戀愛期為了讓喜歡的人留下好印象，而主動去練字，學習如何讓字寫得比較好看。因為有內在動機加上也有足夠的小肌肉發展，一再練習之後字體的美感就會改變，即使沒有特別為美醜而練字，我們都知道孩子 12 歲的字體，絕對是會比他 6 ～ 7 歲時寫得更好看。

⭐ 文字不會完全被電腦取代

有些父母可能會覺得，孩子很早就接觸電腦，學會打字之後，會不會寫字就不是很重要，所以，對於孩子是否會寫字、寫對字反而不重視。其實不管電腦如何發展，動手力及電腦力應該都要雙雙具備，尤其在小學、國中階段，有太多的功課都要動手寫，不管是

寫國字、算數學、寫作文，所以，家長還是要重視孩子上小一之後的寫字力與辨字力，否則在課業學習上還是會遇到困難。

⭐ 紙筆只是工具之一

很多人一想到寫字就想到紙筆，不過，寫字的工具不是只有紙筆，建議家長也可以活用各種能學習寫字或塗鴉的用品，讓孩子隨時隨地、自由自在地玩寫字遊戲，這樣會讓寫字變得更加活潑有趣。例如在沙地上可以教孩子用手指、用小樹枝來畫沙，或是在水泥地上用水彩筆沾水寫字，或是在電腦平板直接用手指來寫字，這些都可以教孩子認字、寫字，不一定得限制只能用紙筆來寫字。

⭐ 不要擔心孩子認太多國字

有些家長會擔心孩子接觸太多國字而影響注音學習，現在孩子很聰明，看故事書、看卡通、看招牌，慢慢就會認識很多國字、數字或是英文單字，家長不用擔心一定要先學會什麼才可以再學下一步，因為孩子是可以同時學習很多知識的。

如果孩子簡單國字都看不懂，只先懂注音，將來也需要把注音連結到國字，反而速度更慢，因為孩子沒有足夠的國字基礎連結就會比較辛苦。所以，先學習認一些常見的國字或數字，然後再學注音是沒問題的。

☆ 把握上小一前的半年

如果孩子目前正在幼兒園大班階段，那麼家長就可以讓孩子投入比較多的時間來練習運筆以及認字，不妨為孩子找尋一些合適的範本讓孩子練習。日常生活中，家長也可以把一些家具或用品貼上注音及國字，讓孩子自然而然學會辨字，這樣上小一之後對於學習寫字的適應力就會很快。

而如果孩子已經上小一了，那麼多半都只有讀半天，其他功課量也不會很多，若孩子沒有上安親班，那家長可以安排回家後，每日進行一些寫字及辨字活動，讓孩子打好寫字的基礎，這樣就不用擔心學校國語課程進度較快時，孩子會跟不上。

 寫字需具備的基礎能力 & 幼兒各項能力發展

孩子要能夠發展出寫字的能力，必須建立粗大動作能力來穩定肢體及大肌肉控制，還有邏輯認知能力來處理對文字的辨認，再加上精細動作良好的運筆與控筆。我們可以根據各年齡層的發展來給予適當訓練。

⭐ 3～4歲幼兒動作&邏輯認知發展

粗大動作 ☑穩定肢體　☑大肌肉控制

　　孩子在這時期動作變得更多了，很多父母開始覺得孩子很難帶，因為他們整天想要往外跑，似乎家裡已經玩膩了！其實這個時期孩子需要寬廣的空間來提升各項能力，例如想要跑得更快、跳得更遠等，都需要有足夠的空間，否則一下子就會撞到牆了！

　　除了站立更穩固、動作更快、跳得更遠，關於踢球的能力與技巧也提升了，從原本只能踢中停止的球，進步到可以踢中滾動的球，但有些孩子是站立著等待球滾過來再踢，有些則是可以跑向滾動中的球，並看準時機踢中，不論何者，再評估觀察時，都代表著能踢中滾動中的球。

評測項目

❶可以用腳尖站立超過 10 秒。
❷可以立定跳遠超過 60 公分。
❸可以踢中滾動中的球。

精細動作 ☑良好運筆　☑控筆

　　當孩子進入幼兒園，靜態學習的比例增加了，而且對於教具的操作也變得更複雜，除了拿筆畫圓、畫直線外，也開始使用各項美勞工具，像是膠水、紙張、剪刀等，孩子需要更好的手眼協調能力

來使用這些工具。在這時期可以藉由剪紙的平滑度，以及紙張的對折表現來觀察孩子的精細動作發展，但如果孩子無法表現良好，也有可能是缺乏經驗，必須要先給予練習的機會，再來判斷孩子的發展程度。

在日常生活應用上，可以利用投幣來訓練孩子的手指靈活度，這時期的孩子已經能夠用手指拿起一枚硬幣，並投入撲滿中，過程中，要讓硬幣對準撲滿的洞口，並調整好方向，本身就是一項困難的技巧，因此當孩子有能力投幣，是一件值得讚賞的事。

評測項目

❶ 可以用剪刀在紙上剪出曲線。
❷ 可以把紙對折三次。
❸ 可以拿一個硬幣投入撲滿。

邏輯認知　☑文字辨認

認知學習則逐漸地從環境中的主動探索，轉換到由大人、老師所設計的教學環境。雖然在這其中仍有許多值得孩子探索的地方，但是孩子也會開始接觸到更多教學所用的人造器材，像是樂器、繪本、蠟筆等；但音樂就如同遊戲一般，對孩子是沒有壓力的，因此孩子很容易接受，並且開始體會音樂節奏，進而跟著音樂踏步、拍手、跳躍，即同時訓練了其他動作能力。

　　對於物品的認知，也開始從外觀或是單一畫面，了解到物品的細節、構造，或是不同時間點的改變，例如香蕉未剝皮、剝皮、被咬一口，都還是叫香蕉。在認知上能夠從所看到的物品部件，反推回答完整的物品名稱。

= = = 香蕉

評測項目

❶ 跟著音樂的節奏行進。
❷ 找出閱讀過幾次的圖畫故事書中遺漏的部分。
❸ 在顯示出其中的某些部分時，可以說出物品的名稱。

⭐ 4 ～ 5 歲幼兒動作&邏輯認知發展

粗大動作 ☑穩定肢體　☑大肌肉控制

　　從學會走路開始，孩子就以此基礎開始各項技巧及品質的提升，從走得快、跑步、跑步閃避障礙物、原地跳、向前跳，這個時期的平衡能力大為提升，因此單腳站更穩了；使用慣用腳單腳站大約能夠維持 10 秒鐘以上，甚至開始能夠單腳向前跳並保持平衡，這讓寶寶又發現了一項新的遊戲，但畢竟單腳比雙腳來的不穩定，需要大人的注意與保護。

孩子的雙手力量與技巧也提升了，發展出兩手抱球，由下往上將球拋高，高度可達 3 公尺，已經是可以碰到屋頂的程度了。孩子會因為球被拋高而感到興奮，但是卻無法預測球會反彈到哪裡，甚至一興奮也可能忽略樓頂的燈具，因此需要大人的提醒才能確保安全。

評測項目

❶ 可以單腳往前跳。
❷ 可以在 10 公分寬的平衡木上保持平衡走 1.5 公尺。
❸ 可以將球拋高 3 公尺。

精細動作 ☑良好運筆 ☑控筆

在幼兒園中孩子開始能夠坐得更久了，因此靜態學習的時間逐漸比動態學習時間來得多，除了單純聽講，孩子也會經歷更多動手操作的機會，像是畫圖與勞作。寶寶的手指力量尚顯不足，較粗的筆要比細筆來得容易操作，這時候寶寶也會嘗試各種不同的握筆姿勢，有些寶寶會自己嘗試出較成熟的握筆姿勢，如果大人要教導，也應從動機著手，不應強迫孩子練習某種握筆姿勢。

除了畫圖，孩子也開始接觸各種工具，像是剪刀、膠水。此外，對這些工具的操作技巧也更為提升，不單單只是能將紙剪成一半，孩子已經能夠更協調地控制剪刀與紙的關係，可以剪出簡單的形狀，這時進行剪貼畫是對寶寶的精細動作最有幫助的遊戲！

評測項目

❶ 可以用剪出小方形或三角形的形狀。
❷ 會使用膠水黏著紙張。
❸ 可以描繪出自己的手。

邏輯認知 ☑ 文字辨認

　　孩子對於因果關係的概念越來越清楚了，對於有經驗的事物可以依照時間順序描述，對於不熟悉的事物，大人也可以比較輕鬆的教導了。

　　這時期孩子最常接觸的就是順序圖卡，像是樹木的成長、杯珠水量的改變等；絕大部分的孩子在這個階段，已經能夠正確排列三張順序圖卡，但對於四張以上的順序圖卡，出錯的機率較高；因此如果要給予多圖卡的順序排列練習，建議一次多給一張即可，如此較能幫助孩子清晰的思考與推理。

　　至於數數的能力通常從 3 歲開始發展，而且馬上能夠從 1 數到 3，這是因為媽媽常用數到 3 的方式來教導孩子，重複的刺激讓孩子容易學會基本的數數。但是到了這個階段，孩子會開始對數字產生興趣，並且願意學習數數，大部分的孩子能夠從 1 唸到 10；但是從 10 到 11 的概念還沒有建立，所以大人不要覺得 10 後面只要跟著邏輯繼續唸就可以，孩子還需要一段時間的學習才會懂。

❶能依序放三張圖片。

❷在一組物品中找出大、較大、最大與小、較小與最小的物品。

❸可以從 1 數到 10。

⭐ 5 ～ 6 歲幼兒動作＆邏輯認知發展

粗大動作 ☑穩定肢體 　☑大肌肉控制

　　孩子對於各項大肢體運動開始感到興趣，單純地在沙發、彈簧床上跳躍已經不能滿足他的能力表現；孩子需要更大的場地來宣洩體力、施展肢體。有些爸媽會認為孩子是否太「過動」了，而刻意地制止、限制孩子的活動量；但這樣的方式，反而讓孩子無法獲得運動滿足，到了學校，沒有父母的限制，可能會讓孩子顯得坐不住、無法好好學習。

　　大動作的技巧上，會開始探索自己能夠達到的極限，對於大人給予的運動建議，孩子會很有興趣地嘗試練習，並且結合過去的經驗與能力，創造出更多動作技巧。像是不斷嘗試立定跳遠的距離，走路不單單只是向前走，還可以利用跳躍方式以及繞 S 型的方式來進行，雖然大人有時覺得孩子不守規矩，但這就是孩子的進步。

評測項目

❶ 可以立定往前跳，並雙腳同時著地。
❷ 可以單腳向前跳 S 型。
❸ 能夠做至少一次的伏地挺身或仰臥起坐。

精細動作 ☑良好運筆　☑控筆

　　現在孩子可以學寫字了，開始寫的字很大，大小不一、歪七扭八，這時可以教他成熟的書寫姿勢，但是不可以強迫。孩子會開始使用不同的用具來繪畫，不但可以畫出日常生活中的一些人和物，替圖形染上各種顏色，還會有出人意料的想象，像是可能把太陽和月亮畫在一起。

孩子現在還能用剪刀裁剪出事先畫好標記的多邊形形狀，有時也會想要把自己創造出來的圖案剪下來。精細動作發展已趨於完善，綁繩子、拉拉鍊、扣鈕釦、按按鈕、堆疊組裝積木、完成拼圖等活動已經難不倒他了，甚至有些孩子已經開始學習某種樂器了，如彈鋼琴、拉小提琴等。

評測項目

❶可以用剪刀剪出複雜圖案。
❷可以用立方體積木搭鏤空的金字塔。
❸可以學習成熟的握筆姿勢。

邏輯認知　☑文字辨認

對於抽象概念的認知能力在這時期獲得很大的進步，可以背出一星期的日期，並且會在詢問今天星期幾後，說出昨天與明天的日期；對於規律性或特殊性的事件，也能夠與日期連結在一起，例如記得星期日爸爸要帶全家出去玩，並且會每天重複告訴大人。

孩子會喜歡將在幼兒園學到的數字運用在日常生活中，像是有數字的車牌、時鐘，都會變成孩子感興趣的對象。走在路上孩子會喜歡唸每輛車的車號，這對於趕時間的爸媽來說，可能感到困擾，但是或許可以順帶教孩子英文字母！孩子平時可能會喃喃自語地讀數字，這時候已經可以從 1 唸到 100。

評測項目

❶ 能口頭從 1 數到 100。
❷ 能讀出時鐘上的數字，並可與例行的活動與時間做連結。
❸ 能連續指出一星期的日期。

 幼兒閱讀、寫字坐姿建議

為了避免對於學習、生理等層面的傷害，建立正確的坐姿刻不容緩，但必須先提醒家長，過度矯正坐姿可能會讓孩子對於坐姿是否正確感到過於緊張，反而無法好好學習。因此可以將下列正確坐姿項目一項一項帶著孩子改善，千萬別一股腦兒要求孩子一次達成！

⭐ **正確的坐姿**

1 臀部做到底、背靠椅背

正如房子要蓋得高，地基就要打穩，身體若要能夠穩定，臀部就一定要「坐好、坐滿」。有些人認為應該要跟當兵一樣，椅子只能坐前 1／3 或 1／2，這樣就能讓腰桿挺直。事實上，這用在沒有椅背的椅子是可行的，但是如果用在有椅背的椅子，孩子很容易向後靠變成斜躺姿勢，反而不利閱讀寫字。其次，如果都讓孩子坐沒有椅背的椅子，一開始可能坐得正，但是坐太久仍容易彎腰駝背。

建議利用有椅背的椅子，讓孩子坐到最後，並讓背靠著椅背，這樣的姿勢不但可以直立，加上椅背的支撐，身體不容易疲累，可以坐更久。

2 身體直立、與桌面平行

當臀部後靠、背靠著椅背，身體自然挺直，這時候要注意身體是否與桌面平行，也就是雙手向兩側平舉，是否跟桌緣成平行線。這樣的要求主要是為了讓雙眼平均分擔觀看書本的壓力，同時也避免寫字時造成身體的扭曲，減少視力、脊椎問題的產生。

建議使用固定式的椅子，盡量少使用有輪子的椅子，或者輪子可以固定的也可以接受，這樣的椅子可以讓孩子穩定坐著，不會邊閱讀、寫字，又一邊擺動，只要椅子擺正，基本上身體就不會歪斜到哪裡去！

3 雙腿對稱輕鬆放置

當臀部坐到椅子後面部分時，大腿就放置在椅面前方，通常建議雙腿應該「平行」放置，也就是讓雙腿幾乎併攏的方式，這樣的方式雖然美觀，但是身體重心集中在中軸，就像是在騎自行車一般，必須不斷地設法維持平衡，因此會消耗過多的能量，注意力也無法完全放在雙手操作上。

阿鎧老師重點叮嚀！

現代的觀念認為，只要雙腿能夠對稱放置就好，就能讓重心穩定地維持在中央；而對於平衡不好或是年紀較小的孩子，雙腿通常會打得比較開，這建立了更穩固的底面積，幫助身體能夠更穩定，因此閱讀及寫字時就能表現的表較好。

4 雙腳平放地板

大人可以藉此觀察座椅的高度是否適合孩子。如果座椅過高，孩子雙腳自然無法踩到地面，會變成腳尖踩地，或者坐在椅面前方或是坐兩腳椅，才能讓雙腳踩地。如果座椅過低，孩子雖然能雙腳平放地板，但膝蓋高度可能高過於臀部，這樣坐姿會壓迫腹部、影響循環，連帶影響閱讀、寫字時的專注力。

阿鎧老師重點叮嚀！

雙腳能夠平放在地上，代表著雙腳能夠穩定踩在地上，不容易抖動、晃動，因此身體姿勢也能穩定，對於閱讀、寫字也有比較好的幫助。

5 肩膀放鬆、雙臂微微外開

如果桌面高度過高，孩子很容易出現聳肩、雙臂向外張開，會造成肩頸部斜方肌過度且過於持續地用力，除了縮短孩子坐姿持續時間外，更容易造成肩頸痠痛，長久下來，就跟低頭族的症狀一樣了。

6 身體距離桌邊一個拳頭

　　有些孩子在桌前寫字的時候，會把身體靠在桌邊，有時這也是判斷孩子肌肉耐力的觀察指標，代表著孩子肌肉張力可能偏低，需要靠著桌邊來維持姿勢；但這樣的姿勢壓迫著胸腹部，可能會影響呼吸，造成攝氧量不足，因此可能更容易昏昏欲睡。除此之外，當靠著桌邊久了，也容易出現彎腰駝背、趴在桌上的姿勢，反而影響學習。

7 眼睛距離書本約 30～50 公分

　　對於兒童適當的閱讀距離約為 30～50 公分，這是眼睛對焦最為合適的距離，如果孩子不經意地將眼睛距離書本越來越近，則要考慮孩子是否有近視，最好能帶孩子前往眼科檢查。除了距離的考量，書本的角度也應該注意！

阿鎧老師重點叮嚀！

由於寫字多位於平面，所以不好調整，但閱讀的時候，則會建議應將書本立起約 60 度左右，也就是與臉部平行的角度，這樣可以避免頭部過度彎曲向下，造成頸部肌肉持續拉扯而受傷。

⭐ 桌椅的選擇

為了達到良好的坐姿，協助有效的閱讀及書寫，桌椅的選擇便顯得重要。桌椅的材質選擇以環保材質、無甲醛為優先，桌面及椅面應避免過度光滑，以免坐不穩、桌面反光影響閱讀。而在外觀上，花俏、卡通的圖案會讓孩子一開始對於桌椅產生好奇，但使用一段時間，這些鮮豔的色彩反而會影響孩子閱讀時的注意力。

現在流行的成長型桌椅，標榜可以隨著孩子的成長而調整，因此幾乎能夠從小使用到大。除了隨時可根據孩子的需求調整高度外，從專注力的角度來看，研究認為站立上課、工作，不僅能更專注，效率也更能提高，所以有些辦公桌可以調整高度，讓工作者可以調整以坐立或站立方式辦公。因此孩子在閱讀或寫字時，若能改以站著來進行，的確也能對專注力有幫助，但是考量孩子的雙腳耐力，也別要求站太久！

對剛進入小學的孩子來說，書桌的尺寸搭約為長 1.1 ～ 1.2 公尺、高 0.76 公尺、寬 0.55 ～ 0.6 公尺，椅子的尺寸則考慮高度約為 0.4 ～ .44 公尺。椅面的長、寬約為 45 ～ 60 公分。而燈光的選擇，以不閃爍、不反光為原則，燈光擺放的位置，要考慮不在閱讀或寫字區域造成陰影則可以。

☆ 需注意的錯誤坐姿

從幼兒園開始，孩子多數的時間都是坐在桌前閱讀、操作教具、畫畫寫字等等，如果此時不好好建立良好的坐姿，將會導致許多問題發生。首先說說孩子常出現的錯誤坐姿：

1 彎腰駝背

當椅子與桌子距離太遠，或是桌子太低，孩子為了看清楚書本內容，自然把頭往下低，連帶地身體也向前彎曲，造成後背肌肉、包含頸部肌肉被過度、長時間拉扯，這樣的姿勢壓迫了胸腔與腹腔，容易造成消化及循環系統的問題。這樣的姿勢無法好好閱讀、書寫，加上會受到大人的提醒，因此造成注意力無法集中、持續。

2 坐一隻腳

很多孩子會將一隻腳彎曲在椅子上，屁股坐在腳上寫字，或是以只有一隻腳著地等各種怪姿勢閱讀。這樣的坐姿會造成坐姿不平衡，姿勢不正的結果會導致頭部擺放位置錯誤，造成視覺、脊椎問題。孩子會坐在腳上寫字，通常是因為椅子高度不夠，甚至有些孩子會蹲在椅子上閱讀，也可能是這樣的因素。

3 斜躺

肌肉張力不足的孩子，或是坐太久累了，孩子會坐到椅子前1／2甚至1／3處，然後靠著靠背斜躺著。其實這也是一種「彎腰駝背」，對於頸部肌肉的傷害會更大，因為頸部必須彎曲更大的角度才能使眼睛看得到書本內容。這樣的坐姿嘗試讓身體下沉，因此手臂需要舉更高才能寫字，會對肩部肌肉造成傷害，甚至無法好好運筆，不只字寫不好看，連專注力都受到影響。

★ 錯誤坐姿造成的影響

其他像是坐著卻墊起腳尖、翹腳等奇怪坐姿，長久下來也會對孩子產生不良影響。總和來說，不正確的坐姿造成的問題有：

1 脊椎側彎

彎腰駝背是大人容易觀察並且會制止的，但是脊椎側彎卻在不知不覺中造成！這是因為坐單腳、翹腳的孩子，為了能使身體直立，因此脊椎開始向一側彎曲。另外，像是寫字時只用單手寫，另一手垂在身邊，或是喜歡趴一側看書的孩子，也容易造成脊椎的問題。

2 容易疲累

不正確的坐姿可能缺少了有力的核心肌群使用，反而利用了更多其他無關的肌肉來維持坐姿，這些肌肉群本來就不適合長時間的收縮，因此沒多久就容易感到疲累。當孩子感到疲累後，就無法繼續維持坐姿，可能就會開始趴到桌上，或是開始改變姿勢，更換不同的肌肉群用力，這在大人的眼中，就是孩子沒有好好坐好，像隻蟲一樣動來動去。

3 注意力不集中

坐姿不正確的孩子，無法坐得正、坐得穩，又常受到大人指正，所以注意力不斷轉移，無法集中、無法持久，導致閱讀、寫字表現效率偏低。更有些孩子因為錯誤坐姿習慣了，反而在被要求正確坐姿時感到不習慣，於是開始與大人展開「間諜戰」，大人沒注意時就亂坐，聽到大人腳步聲就立刻坐好，其實，孩子的所有時間都在注意大人是否接近，根本無法把專注力放在書本上。

4 肌肉痠痛

彎腰駝背造成背部、後頸部肌肉的拉扯與過度用力，容易引發累積性的肩頸肌肉痠痛，不僅坐立維持的時間愈來愈短、需要休息的時間愈來愈長，甚至有可能連平時都會感到痠痛，導致小小年紀就得到復健科報到，其實這就是「小小低頭族」的症狀。

5 閱讀跳行跳字

錯誤的坐姿讓孩子身體不穩定，導致視覺無法穩定對焦，在閱讀時就容易跳行、跳字，對詞句理解錯誤。寫字時無法畫出穩定筆畫，字體筆畫、大小容易發生錯誤，可能使字體過大或過小。

6 無法妥善握筆

擁有正確的坐姿，手部動作才能靈活的運用，拿筆寫字時才能有正常的握筆姿勢及正確的運筆。坐姿不正的孩子，為了維持穩定的坐姿已經花了許多能量，因此為了要能拿筆寫字，就可能採用不同的握筆姿勢，例如握拳拿筆，如此雖然筆拿得很穩，但是卻也限制了運筆的範圍及靈活度，導致寫字像是刻鋼板般地僵硬，不僅寫字時間花得更長、字體也不見得更漂亮。

7 斜視、近視

長時間的坐姿不正，眼睛無法直視目標，或是過度接近目標，導致視力受到影響。許多視力出現狀況的孩子，配戴眼鏡後若不矯正坐姿，會使得視力問題更顯嚴重，但是家長卻容易誤認為是孩子過度滑手機、看電視所導致，而開始限制孩子接觸高科技產品，但卻無濟於事，必須先從基本坐姿改善開始。

幼兒握筆姿勢 & 工具的選擇

　　孩子要把字寫好，除了坐姿要先建立好，其次就是父母在意的握筆姿勢。研究發現，小學生在學校的時間裡，平均有將近 1 ／ 4 到 1 ／ 2 的時間在從事紙筆活動，包括了抄筆記、寫作業、畫圖及考試等。但其實有 10 ～ 34% 的學齡兒童未能掌握書寫的技巧，他們可能因此對於自我能力感到質疑，甚至自尊心受到傷害。究竟握筆姿勢與學業有沒有直接的關連？

（原文參考：http://akai.org.tw/?p=3281）

✪ 正確的握筆姿勢

　　請問以下四張圖片，您認為哪一張才是正確的握筆姿勢呢？

1 動態三指握姿（dynamic tripod）

　　大拇指、食指的指腹以及中指末節內側面來捏握筆桿，並將筆桿靠於虎口上。

2 動態四指握姿（dynamic quadrupod）

　　用前三指指腹及無名指末節內側面拿握筆桿。

3 側邊三指握姿（lateral tripod）

食指指腹及中指末節內側面靠在筆桿上，大拇指則跨過筆桿並靠在食指的側面；虎口為半閉合的。

4 側邊四指握姿（lateral quadruod）

與左下圖相似，食指、中指指腹及無名指末節內側面靠在筆桿上，大拇指則跨過筆桿並靠在食指的側面。

其實以上這幾種握筆姿勢都可被稱為成熟的握筆姿勢。然而根據研究統計，80%的老師教導學生握筆的姿勢為「動態三指握姿」（左頁上圖），這種握筆方式也被職能治療師認為是最理想的握筆姿勢。但是事實上，根據美國職能治療期刊指出，不管是哪一種握筆的方式，對於孩子寫字的速度及字體的美觀度皆無差異，備受推崇的動態三指握姿也不是寫字所必須具備的條件，無法因此提升寫字的品質。

此外，實際統計孩子握筆的狀況發現，以上這四種握筆方式也是平均出現在學童當中，甚至有許多孩子是會使用兩種不同的握筆方式交替，但並無研究能直接證明握筆姿勢的不同會影響學業。因此，專家也建議治療師及家長們要重新思考，如果孩子的握筆姿勢已是上述可接受的握筆姿勢，是否還需要改正呢？

✪ 握筆方式對孩子的影響

那麼除了這四種被專家認為可以使用的握筆姿勢外，其他的握筆方式會對孩子有什麼影響呢？

根據國內學者研究發現，部分近視、斜視的兒童都因錯誤的握筆姿勢而引起，主因在於手指太靠近筆尖，導致手指擋住視線，以致於視線必須壓低，甚至出現斜視，因此我們可以得知，握筆姿勢的高低是會對視力造成影響的。

但若孩子寫字常出現手部肌肉疲累，或是寫字速度很慢等狀況時該怎麼辦？專家學者表示，這種情況可能是因為孩子肌肉的力量使用錯誤，或是太早讓孩子開始拿或握鉛筆學習寫字，手部小肌肉尚未有足夠的發展，虎口肌力及穩定度都還不夠，所以孩子開始使用一些不正確的握筆姿勢來代償尚不足的能力，反而造成反效果。

提醒家長，以手指肌肉的發展來說，1歲至1歲半的孩子已經會使用手掌及五指抓握的方式拿東西，並用整個手臂或手肘控制方向；到了4歲半至6歲左右，孩子進步到可以只用前三根手指（拇指、食指及中指）握筆，且手掌是朝內的（前臂外轉，即拇指在上）。

得知如何使用手部的小肌肉，成熟的握筆姿勢才會漸漸成形，所以家長們千萬別操之過急喔！當然，若孩子的握筆姿勢已嚴重影響到學習或生活，建議家長也可以向職能治療師尋求正確的協助。

☆ 各年齡幼兒使用筆、畫板、紙張的選擇

順應各年齡層幼兒的發展，包括上臂、手腕的動作控制，手指的靈活度，以及肌肉力量的不同，我們應選擇適合該年齡層幼兒的書寫器材，如此不僅讓孩子更容易書寫、塗鴉，更讓孩子有意願主動書寫，使孩子將來對作業不會那麼排斥！

3～4歲 ➜ 大面積塗鴉（牆壁、圖畫紙、壁報紙）➜ 水畫筆、軟質粗蠟筆、彩色筆

孩子的抓握能力正快速發展，他們喜歡「抓」著筆到處塗鴉，因此給予大面積的塗鴉範圍，會讓孩子更有動機。畫筆的選擇應以握把粗的為優先考量，加上適合孩子的肌肉發展，建議使用水畫筆（沾水就能畫的筆）或是一般彩色筆，在操作時，孩子不必使用太大力量就能畫出線條，可以培養孩子畫畫的興趣、建立書寫的基礎。若要採用蠟筆，則要選擇軟質的蠟筆，同時握把也應選擇較粗的。

書寫的地方可以利用家裡的牆壁或是有斜面的書桌，以讓孩子在塗鴉時手腕能上抬，這樣的控筆才是有效率的姿勢。紙張的選擇可以是圖畫紙或壁報紙，這類的紙張較厚，可以避免因重複塗色造成紙張破裂，加上這類紙張質地較為粗糙，在塗鴉時能給予更多的回饋，讓孩子畫起來更有「感覺」！

4～5歲 ➜ 有限制的紙（B4 至 A4）➜ 粗鉛筆（三角鉛筆）、較硬粗蠟筆（酷蠟石、蛋形蠟筆等好握的筆）

孩子在幼兒園裡已經有操作許多教具的經驗，所以手指靈活度大為提升，可以開始創造、練習各種握筆姿勢，有些孩子這時候願意被教導正確的握筆姿勢，有些則還無法配合，建議家長以引導的

方式進行，先不急著強迫孩子改正，只要多試幾種握筆姿勢，自然能比較出哪種握筆姿勢較為好握、有效率，當然孩子也就會願意聽爸媽的建議學習較好的握筆方法。選擇的筆可以是鉛筆及較硬的蠟筆，當然在握把上建議選擇較粗的，像是三角鉛筆、酷蠟石、蛋形蠟筆等都可以讓孩子嘗試。

可以讓孩子在一般影印機所使用的紙張上畫圖，先以 B4 開始，等到孩子較為能夠控制塗鴉範圍後，則改為 A4 紙張。這時期開始都應該讓孩子坐在書桌前畫畫，桌面是否能傾斜已經不是重點，應要開始注意孩子的坐姿才是重要的。

5 ～ 6 歲 ➡ **不同質地的紙張（面紙、衛生紙，練習施力）、1.5 x 1.5 公分的格字（有限制）** ➡ **細鉛筆、細彩色筆**

孩子即將要上小學了，所以這時候的書寫要以「建立小學書寫能力」為目標，開始讓孩子使用小學生的書寫工具，包括鉛筆及較細的彩色筆。這時孩子應該可以在提醒之下採用合適的握筆姿勢，如果孩子還做不到，可以利用握筆器來輔助，但不建議「每次」都用握筆器，因為會造成孩子的習慣，反而無法有效建立肌肉力量及運筆能力。

在書寫紙張的選擇上，可以讓孩子嘗試在不同質地的紙張上書寫，包括面紙、衛生紙等這類容易破的紙張，以訓練孩子對於運筆力道的控制。若在一般紙張書寫，媽媽可以先畫上 1.5x1.5 公分的格子，在裡面寫字、塗鴉、畫畫都可以，但是要努力避免超出格子，等到孩子表現較好了，則可以縮小格子。這時培養孩子在書桌前書寫，不僅是繼續維持正確坐姿，更要鼓勵孩子把圖畫告一段落才能起來走動，藉此培養孩子專注力的持續度。

PART 2

玩遊戲・學寫字
從小班開始的
訓練遊戲

粗大動作發展訓練遊戲

 ## 訓練粗大動作對孩子學習的幫助

現代父母總是希望孩子能夠安穩的坐著學習，於是要求孩子從小能靜坐，包括吃飯要好好坐好、看繪本要乖乖坐好，但最後發現大概只有看電視、玩 IPAD，孩子才會坐在那裡一動也不動，甚至可以坐很久。家長們希望從小培養孩子乖乖坐好的習慣，才能讓孩子長大後可以在上課學習時，坐得住、坐得穩、坐得久，期望這樣能夠有助於學習效率與成就的提升！但是，大家卻忽略了，想要孩子能夠坐得住，必須先讓孩子動得夠！

對於 3 歲前的孩子，粗大動作的訓練主要是促進孩子的動作發展，從翻身、坐立、爬行、走、跑、跳等，孩子必須具備這些能力，生活上才能夠更為獨立、更有效率。

3 歲後的孩子，粗大動作的訓練有以下的幫助：

⭐ 提升耐力

3 歲前的動作技巧雖然訓練足夠，但是耐力仍顯不足，就像有些孩子在等待紅綠燈的時候，沒站一會兒就動來動去，讓大人覺得

孩子沒耐心、不耐煩，但事實上是孩子的肌肉耐力不足。肌肉耐力不足的孩子對於需要持續性的活動，像是戶外教學要久走、久站、上課要一直看著老師，甚至是書寫作業，都會出現狀況！

✪ 消耗多餘體力

孩子從小就是藉由探索環境來學習，因此總有滿滿的體力，如果這些體力無法宣洩，卻又被要求坐好時，大腦會直接下命令要求孩子「動」，這樣的表現就會被認為是過動！因此藉由適當的粗大動作遊戲，除了讓孩子的動作技巧提升外，更能夠讓孩子的體力得以宣洩；加上活動的過程，更有助於孩子的大腦激素平衡，幫助孩子在行為、情緒上更為穩定。

粗大動作的活動對孩子有如此重要的幫助，不只學齡前的孩子需要進行，就連上了小學，除了學校的體育課，平時也應該給予孩子粗大動作的遊戲，對孩子的學習也是會有幫助的。

而剛升上小學的孩子，若能加強粗大動作能力，不只對學習，甚至對人際關係也有幫助！因為在教室學習多為個人行為，但到了下課，同學們彼此間的互動、遊戲，就需要有良好的粗大動作，像是跟著大家跑到籃球場，跟著大家丟接球等，都需要良好的粗大動作，否則不只無法跟人玩，甚至影響自信就不好了！

遊戲 1　**3-5Y**　擊掌拍手

☑ 雙手穩定度　☑ 雙手肌肉耐力　☑ 手眼協調

準備工具

雙手

玩　法

❶ 媽媽和孩子面對面坐著，兩人選定一首兒歌，以擊掌方式打拍子。

❷ 歌曲中媽媽緩慢移動雙手，讓孩子必須注意手的位置。

● 進階玩法

規定孩子的右手打媽媽左手、左手打媽媽右手，媽媽移動雙手時，可以交叉雙手。

小鳥飛

☑ 肩膀與手肘關節穩定度　　☑ 手臂肌肉力量
☑ 雙手協調性

準備工具

音樂

玩　法

① 請孩子扮演小鳥，先把手放在背後。
② 當媽媽播放音樂後，孩子張開雙手拍動繞著空間飛。

● **進階玩法**

媽媽控制音樂的音量，當音量大時，孩子要用力拍動雙手，當音量小時，孩子要輕輕拍翅膀。

遊戲 **3**	**丟接網球**
6-8Y	☑ 手眼協調與雙手協調性　☑ 耐心與等待 ☑ 姿勢控制及軀幹穩定度

準備工具

網球

玩　法

❶ 請孩子立正站好，手抓網球向前伸直。
❷ 把球放開，等球彈起時，用另一手接球。

● **進階玩法**

兩手各抓一顆球，同時放開，等球反彈，兩手各抓住一顆球。

放瓶蓋

☑ 視覺搜尋與專注力　　☑ 腰背肌肉與大腿力量
☑ 手眼協調準確度

準備工具

600cc 保特瓶

玩　法

❶ 把寶特瓶約 1 公尺放置一個,將瓶蓋拆下讓孩子的非慣用
手拿著。

❷ 請孩子沿著寶特瓶前進,用慣用手把瓶蓋放在瓶口(不用
旋上)。

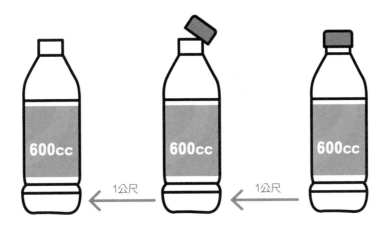

1公尺　　　1公尺

● **進階玩法**
寶特瓶隨意放置,計算孩子多少時間可以把寶特瓶的蓋子都放
上去。

精細動作發展訓練遊戲

 訓練精細動作對孩子學習的幫助

　　許多家長對於上了小學後的孩子，在寫字的時候會特別在意字體好不好看，一旦孩子字寫的不好看，媽媽就開始擔心孩子的握筆姿勢不對，不是拿把小尺監督孩子寫字，就是買各種握筆器來矯正姿勢，但無論媽媽怎麼努力，字跡還是不見起色。其實，只要從小把精細動作訓練好，孩子的字跡、握筆姿勢自然不會差到哪裡去。

　　當寶寶會坐之後，雙手不用再撐著地板，精細動作就開始積極的發展了！所謂的「精細動作」，可以簡單說是手腕到指尖的動作，從簡單的抓、捏、握、指、夾等等動作開始，表現在玩玩具、抓餅乾、使用湯匙等，都屬於精細動作範圍。

　　到了幼兒園時期，精細動作能力不只運用在日常生活，還必須應用在學習當中，從教具操作到拿筆著色，都需要有良好的精細動作表現，因此把孩子的精細動作訓練好，不只學習效率提高，連自信心也跟著提升，這有助於學習動機建立及主動學習的表現。

　　總歸來說，訓練孩子精細動作的好處有：

✪ 增進手指靈活度

孩子在使用教具時若能有優秀的手指靈活度，那麼藉由手指的運作就可以操作教具，而不需要改變身體姿勢或是做出多餘動作，學習效率自然提升。手指靈巧度也包括了「掌中操作」的能力，就是單手就能操作物品的能力，像是單手轉動積木或是改變握筆姿勢。

✪ 提升運動覺表現

手指操作物品或運筆時，眼睛不見得能夠一直注視著手，像是一邊看著黑板、一邊抄著筆記，這時候「運動覺」（亦可稱為本體覺）幫助孩子能夠正確的運作精細動作，讓孩子們能夠學習更有效率！如果孩子這部分基礎沒有建立好，那可能就會變成看著老師就無法抄筆記，抄筆記就無法專心在老師身上！

✪ 輔助協調性表現

雙手各拿積木組裝，或是把字寫到正確位置，這需要有良好的雙側協調及手眼協調，但如果精細動作的基礎沒有建立好，大腦將花更多比重在處理手指各關節的運作，對於協調性的表現必然大打折扣！因此能把精細動作訓練好，將有助於協調性表現，像是丟接球、一手扶本子一手拿筆寫字等。

訓練精細動作不單單只是提升手指運作的能力，更影響到學習主動性及學習效率，因此需要注意及訓練。

遊戲 1
3-5Y

插花高手

☑ 提升手眼協調表現　　☑ 手指穩定度

準備工具

粗細吸管若干

玩　　法

① 利用橡皮筋把粗吸管捆在一起，並放在桌上。
② 讓孩子一次拿一根細吸管插入粗吸管中。
③ 媽媽協助計時，看看需要多久時間能將所有吸管插好。

● 進階玩法

選擇多種顏色的單色吸管，媽媽下達指令，例如「紅色插綠色」，
孩子要找紅色細吸管插入綠色粗吸管。

遊戲 2
3-5Y

投幣遊戲

☑ 掌內操作能力加強 　☑ 手指肌力訓練

準備工具

各式硬幣及撲滿

玩　法

① 讓孩子手抓一把硬幣。
② 一次一個硬幣投入撲滿，要小心別讓手中的硬幣掉落。

● 進階玩法

放多個撲滿，規定每個撲滿只能放某一種硬幣，例如，紅色撲滿只能放 1 元硬幣，孩子得根據手上的硬幣投入對應的撲滿。

遊戲 **3**
6-8Y
☑ 手指靈活度訓練   ☑ 手眼協調訓練

快速翻棋

準備工具

象棋

玩　法

① 將象棋字面朝下放於桌上。
② 要求孩子只能用大拇指、食指、中指，
　把象棋翻面，媽媽計時完成時間。

● **進階玩法**

將象棋一半字面朝下、一半字面朝上，媽媽跟孩子比賽，媽媽
要把字面翻朝下，孩子要把字面翻朝上，計時 1 分鐘，看看誰
得分多。

遊戲 **4**
6-8Y

氣泡節奏

☑ 手指力量訓練　☑ 雙手協調

準備工具

氣泡紙

玩　法

① 媽媽剪下相同大小的氣泡紙。
② 要求孩子以大拇指與食指將氣泡捏破，紀錄每次所花的時間。

● **進階玩法**

準備一首歌曲跟孩子合唱，以壓破氣泡的方式來打拍子。

運筆能力發展訓練遊戲

 訓練運筆動作對孩子學習的幫助

　　人與人的溝通主要依靠語言及動作，而語言所需的「聽、說、讀、寫」四個能力中，僅有「寫字」是需要使用「筆」這項工具；加上孩子在求學的過程中，總是需要「寫功課」，所以爸媽開始重視孩子寫字的表現，從坐姿、工具選擇，到運筆的表現，也就是希望孩子的字能寫快點、寫美點、寫正確點。「運筆動作」就是現在被討論最多的話題，包括了握筆姿勢、手指及手腕靈活度等，但我們必須先澄清，運筆並不等於寫字，也就是別讓孩子一拿到筆就開始寫字，反而要訓練運筆能力，不見得要拿筆！

　　孩子最小在 1 歲半左右就會「抓筆」，這時候孩子會開始塗鴉，這就是運筆動作訓練的開始，著重在手腕的靈活度。之後塗鴉的範圍從牆壁轉到紙張上，範圍變小了，孩子不再能夠用手腕活動來任意塗鴉，所以開始探索利用不同的手指動作、姿勢來拿筆畫圖，這時的孩子正在嘗試每種不同握筆姿勢的舒適度、效率性，同時訓練手指運筆的靈活度。倘若這時候我們就要求孩子一定採用「正確握筆姿勢」，那反而讓孩子失去練習的機會了！

因此藉由遊戲，讓孩子自由的運筆練習，等到大約 6 歲，開始要寫字了，藉由大人的引導，孩子才會真正體會「正確握筆姿勢」的好處！

訓練運筆動作對孩子的幫助有：

✪ 精細動作靈活度提升

從玩具的操作到拿筆塗鴉，藉由活動設計，讓孩子嘗試各種操作方式，並在成品欣賞中建立成就感，幫助大腦更容易記憶並學習關節與肌肉的協調運用。當靈活度提升，對於未來書寫的效率將會提升。

✪ 手指穩定度提升

運筆動作不只訓練靈活度，更要訓練手指的穩定度，這包括肌肉耐力以及穩定控制，前者有助於孩子能夠長時間進行書寫，而後者則是幫助孩子對於直線、橫線等操作能夠有較穩定的表現。

✪ 建立書寫學習動機

當孩子運筆動作能力提升，在書寫的過程中較不會感到疲累、厭倦，對於書寫的結果、成品也較能感到滿意，這就建立了孩子對於書寫的自信與成就感，更能激發孩子對於文字書寫的學習動機，同時也不怕需要長時間書寫的作業，對於整體學習是有正向的幫助。

簡單的說，要孩子寫字寫得好，先從平時的運筆遊戲開始吧！

遊戲 1　3-5Y　亮亮圈圈

☑ 手指力量提升　☑ 手眼協調練習

準備工具

保麗龍膠、亮粉

玩　法

❶ 將亮粉加入保麗龍膠。
❷ 媽媽在紙上畫圈圈或其他線條圖案。
❸ 孩子要在線上擠出等量的保麗龍膠。

● 進階玩法

媽媽用鉛筆在黑色壁報紙上畫線，孩子跟著線條方向擠出保麗龍膠，最後用手電筒照亮作品，像似夜空中閃爍的星星。

遊戲 2
3-5Y

連連看

☑ 指令記憶　☑ 手指靈活度

準備工具

白紙及各色彩色筆

玩　法

❶ 媽媽在紙上用任意顏色在任一位置畫點。
❷ 給孩子一支彩色筆，跟孩子說「從『紅色』到『黃色』」，
　孩子要找到兩點並畫線連起來」。

● **進階玩法**

增加指令內容，加入彩色筆顏色，如「用綠色筆從藍色點連到
紫色點」。

遊戲 3　條條大路

6-8Y　☑ 手部穩定度　☑ 情緒穩定

準備工具

白紙及鉛筆

玩　法

❶ 在白紙上根據孩子的能力畫一個方框。

❷ 要求孩子從上到下、邊到邊，畫直線。直線越密越好，但不可以相碰或交叉。看看孩子能夠畫幾條線。

● 進階玩法

將直線改成波浪線，看看是否能畫更多條線？

符號世界

☑ **專注力提升**　　☑ **手部靈活度加強**

準備工具

紙、彩色筆

玩　法

① 媽媽在紙上任意畫上圓形、方形、三角形。
② 要求孩子在圓形裡面畫方形、方形裡面打叉、三角形裡畫圓形。

● **進階玩法**

媽媽多畫幾種圖案，要求孩子在每種圖案中塗上不同顏色，例如圓形塗紅色、梯形塗綠色等等。

持續性專注力發展訓練遊戲

 訓練持續性專注力對孩子學習的幫助

　　當我們覺得孩子專注力有問題時，絕大部分都是發現孩子坐不住的時候！像是老師發覺孩子上課動來動去、媽媽發現孩子作業沒寫幾個字就離開座位，而這時候抱怨的內容通常都是「孩子坐個 5 分鐘就像條蟲動來動去」、「看書沒 3 分鐘就開始玩玩具」，大人會用時間來表述孩子專注力的表現，這討論的都是孩子的「持續性專注力」。

　　持續性專注力指的是能對專注的目標持續多久的時間，通常大人都希望孩子能夠持續越久越好，但事實上，大腦如果要維持那麼久的專注力，血液必須帶很多養分提供大腦運用，同時間也帶了很多「熱」，所以孩子會感到頭脹、頭很燙的感覺，這對大腦是不好的！

　　另一方面，若是孩子能夠專注那麼久，爸媽反而要擔心孩子「堅持性」過高的問題，有些孩子非得把積木城堡蓋好才肯吃飯、非得把故事書看完才肯睡覺，看似很專心的表現，其實也影響了生活作息！

孩子到底能夠專注多久呢？各國的研究結果各異，但通常會認為，孩子待在一個地方去「注意」環境中各種訊息的時間大約是年齡 5 〜 6 倍，而要針對一個訊息特別地「專注」，時間大概就只有年齡的 2 倍了（單位：分鐘）！

所以爸媽千萬別以為孩子真的有辦法把書看完才休息、把功課寫完才遊戲，有時候適當的休息、分段學習，孩子的表現會更好！

當然，研究發現現代人的專注力持續時間逐漸縮短，因此還是得做些訓練。

訓練持續性專注力對孩子在學習上的幫助有：

☆ 提升任務的執行效率及完成度

對於一件任務能夠持續專注，將可以避免周遭其他訊息干擾大腦運作，對於任務的執行效率會提高，而少了多餘的訊息刺激，孩子對於任務的完成度也跟著提升。

✪ 完整接收教學資訊

跟人說話能夠持續注意、讀書能夠持續閱讀，對於訊息的接收才能完整，可以避免斷章取義、自行腦補的狀況出現！有些持續性專注力不足的孩子，對於片段的資訊能夠接收並反應，但是對整體訊息就無法理解，像是遇到計算題沒問題，但一旦遇到應用題，就無法表現正常。

✪ 耐力提升，坐完整節課

持續性專注力強的孩子，上課能夠持續注意老師的講解，即使老師講課無趣，孩子仍可以好好坐在位子上，持續到下課。持續性專注力是家長最擔心的專注力類型，給予適當的訓練，能幫助孩子在學習的表現更好，在平時能把一件事情做好，減少父母的督促，教養才能更輕鬆。

持續性專注力有助持續閱讀。

持續專注對任務的完成性較高。

遊戲 1	圈圈蓋章
3-5Y	☑ 視覺追蹤　☑ 手眼協調

準備工具

白紙、原子筆、連續圖章

玩　法

❶ 媽媽在白紙上畫多個圓圈，圓圈大小直徑不超過 2 公分。

❷ 請孩子利用印章在圓圈內蓋出圖案。

● **進階玩法**

媽媽在紙上畫一條彎曲長線條，請孩子沿著線條蓋章，每個圖案不可以重疊。

遊戲 2
3-5Y

洞洞黏土

☑ 數數字　☑ 手眼協調

準備工具

黏土、筷子、牙籤、吸管

玩　法

❶ 媽媽指定一個數字。

❷ 孩子一邊用筷子在黏土上戳洞，一邊數數字。

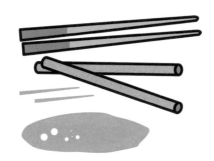

● 進階玩法

將吸管剪短，請孩子插入剛剛筷子插出的洞上，然後將牙籤一次一支插入吸管。

遊戲 3　找關鍵字

6-8Y

☑ 視覺追蹤　　☑ 工作記憶

準備工具

有許多文字的報章雜誌

玩　法

請孩子找出固定的文字，如「的」、「我」等。

● 進階玩法

讓孩子找出同音異字，例如「美」、「每」，也可以讓孩子找出特定部件的文字，例如找出有「口」的字。

倒數計時

☑ 節奏規律　　☑ 耐心等待

準備工具

倒數計時器

玩　　法

❶ 先設定 1 分鐘，讓孩子看倒數計時器，感覺每 1 秒的改變速度。

❷ 之後請孩子閉起眼睛，請孩子自己倒數 60 秒，看看是否正確。

60秒

● **進階玩法**

讓孩子一邊倒數時，媽媽詢問孩子各種問題，孩子必須快速回答。

選擇性專注力發展訓練遊戲

 訓練選擇性專注力對孩子學習的幫助

環境中充滿著各式各樣的訊息，包括走路的聲音、車燈的閃爍、香水味的味道，甚至是旁人的觸碰，這些訊息都干擾著我們對於一件事物的專注力。但是我們卻能夠控制自己把專注力放在該注意的事物上，這就是「選擇性專注力」的功能，也就是大腦能夠過濾、選擇各項資訊，將不需要的訊息排除，只處理需要的訊息，因此在外觀表現上，我們能夠不管旁邊的車聲而跟對方講話。

不過對兒童而言，他們的大腦正在根據周遭不同的訊息刺激而努力成長發展著，因此要他們只注意一件事物，甚至是只注意老師講話，是一件很困難的事！但是孩子總得要上課、學習，因此訓練選擇性專注力便顯得很重要，這才能幫助孩子不理會操場上的吵鬧打球聲，將專注力放在老師授課上！

現代社會中資訊過多，所以孩子從小被訓練著必須要「眼觀四面、耳聽八方」，這項能力雖然重要，但是這代表著孩子的選擇性專注力必須同時注意太多目標，反而無法好好處理每項資訊，就像是散彈槍一樣，雖然會命中目標，但是也會打到其他非目標物體，而對於目標的攻擊力道也減弱許多！

以實際表現來說，孩子跟父母講話的時候，常常看著周遭環境，沒有看著父母，雖然這樣仍然可以對話，但是可能無法精準接收到父母的訊息，容易答非所問，同時也讓父母感覺不受尊重，可見選擇性專注力對於生活的重要性。

提升孩子的選擇專注力，對於學習的幫助有：

✪ 正確選擇專注目標

上課的時候不只有老師的聲音與影像，周遭同學的一舉一動、教室外的人來人往等，都會影響孩子的專注力，唯有把選擇性專注力訓練好，孩子才會在適當時候選擇正確該專注的目標，尤其是本身缺乏孩子吸引力的訊息（上課內容就屬於這類），孩子才能夠自我要求把專注力放在課堂上，對於學習才會有幫助！

✪ 不受環境突發訊息分心

能夠選擇正確的專注目標，孩子才不容易受到其他訊息而分心！臨床統計中，許多孩子不專心的原因都是因為「受到外界訊息刺激而分心」，這是因為孩子的選擇性專注力訓練的不夠扎實，雖然選擇了正確的專注目標，但是一旦周遭有其他新的訊息刺激出現，孩子就會轉移注意力到這些訊息上，這顯示孩子需要持續訓練「選擇性專注力」。

遊戲 1　玩具回家

3-5Y

☑ 學習玩具收納　　☑ 反應速度訓練

準備工具

雜亂的玩具堆

玩　　法

① 媽媽選擇玩具的一項特徵，例如「紅色」、「小汽車」、或是「有輪子的」，跟孩子比賽，看誰能找到最多的某項特徵玩具，並把玩具放到固定位置。

> ● **進階玩法**
>
> 想想某個位置之前是收納什麼玩具的？看誰能把那個玩具找回來並放好。

遊戲 2 3-5Y	草莓在哪裡
	☑ 特徵記憶　　☑ 運筆技巧

準備工具

各式卡通連續圖章

玩　法

❶ 媽媽選擇三種圖章，任意蓋在同一
張紙上，數量不限。

❷ 請孩子把某種圖案找出來，可
以畫圈或是著色。

● **進階玩法**

將四種圖章任意數量蓋在紙上，請孩子找出兩種圖案，一種圈
起來，另一種打叉，最後比比看哪個圖案數量比較多。

遊戲 3
6-8Y

舒爾特表

☑ 數字順序　☑ 反應速度

準備工具

紙張上畫 5x5 格子

玩　法

1️⃣ 請孩子任意填上 1 ～ 25 數字。
2️⃣ 媽媽計時，孩子用手指從 1 點到 25。

1	10	11	12	6
13	2	24	7	20
22	14	3	17	21
19	8	15	4	23
9	25	18	16	5

● 進階玩法

媽媽說一個數字，孩子要趕快找出數字位置，並用手指指出來。

註：舒爾特表可通過動態的練習訓練神經末梢。心理學上用來研究和發展心
　　理感知的速度，包括視覺定向搜尋運動的速度，可用來培養注意力。

遊戲 4 6-8Y	我看到了
	☑ 環境觀察　　☑ 視覺與聽覺專注力

準備工具

無

玩　法

❶ 媽媽告訴孩子「我看到了一個東西，你來猜猜看」（這東西是存在於目前環境中的）。

❷ 孩子要提問問題，媽媽只能回答「是」或「不是」。

❸ 請孩子根據線索找出媽媽看到了什麼！

● **進階玩法**

媽媽說「我想到了一個東西」（這東西並不需要存在與目前環境，但必須是孩子認識的東西），孩子依舊藉由問題目來獲得線索，猜出媽媽所想到的東西。

交替性的專注力發展訓練遊戲

 ## 訓練交替性專注力對孩子學習的幫助

　　每當講到專注力話題，就會發現父母們總會認為，只要孩子眼睛直挺挺的盯著老師、黑板、作業簿，這就叫做專心！事實上，這只不過是從大人的觀點，尋找一個簡單的專注力判斷標準，但這項標準卻是完全的錯誤，否則當孩子上課「瞪」著老師看，卻不理會老師說什麼，這難道也叫專心？

　　而且，專心可不是只注意一個目標就可以的！就像是上課的時候，孩子得一會兒注意老師聽講、一會兒看著老師在黑板書寫，還要留意對照課本，這種在多個目標當中轉移注意力焦點的能力，稱為「交替性專注力」。

　　這項專注力對孩子的知識獲得影響頗深。因為從寶寶爬行開始，「東摸西摸」、「東張西望」這類的環境探索行為，讓寶寶獲得多項資訊，大腦將這些資訊整理分析，不只能累積生活知識，更能避免錯誤再度發生，例如寶寶看到桌上的杯子，並用手推倒，接著就聽到媽媽的責罵，大腦於是解釋推倒杯子會被罵，下次就不能發生這樣的錯誤！

　　如果缺乏交替性專注力，「推杯子」跟「被責罵」就是完全不相干的兩件事，於是大人們會覺得孩子學不會教訓，或者是不專心聽教，這裡所指的不專心，就是缺乏「交替性專注力」！

　　在學習階段，提升交替性專注力對孩子有以下幫助：

✪ 避免專注力被轉移

　　交替性專注力是指完整的專注力在不同的目標間轉移，並非同時注意多個目標。而在轉移目標的時候，如果無法百分之百的轉移，那麼就容易受到其他因素影響而分心，像是老師說完一段後請孩子看看課本，這時候孩子必須有效地把注意力從老師身上轉移到課本上，如果沒有把交替性專注力訓練好，孩子在轉移的過程中，可能就注意到旁邊的同學、桌上的橡皮擦等，注意力就跑偏了！

✪ 更快融會貫通各項資訊

　　使用交替性專注力的目的是為了整合相關的資訊，以完成一項「任務」，所以訓練交替性專注力，除了幫助孩子能夠更快、更有效率地正確轉移專注力，最重要的是能夠處理這些資訊，進而融會貫通，不只幫助記憶，還有助於學習效率的提升，讓孩子有更多時間處理更多資訊，學習更多知識。

你比我指

遊戲 1
3-5Y

☑ 圖案認知　☑ 細節觀察

準備工具

各式連續圖章及白紙

玩　法

❶ 媽媽跟孩子各拿一張白紙，把每個圖章在自己的紙上各蓋一個。

❷ 媽媽在自己的紙上指一個圖案，孩子也要在自己的紙上指出相同圖案。

● **進階玩法**

媽媽跟孩子各拿一張白紙，媽媽拿一個印章在自己的紙上蓋圖案，孩子要找出相同圖章，在自己的紙上相同的位置蓋上圖案。

照樣蓋城堡

☑ 空間概念　☑ 工作記憶

準備工具

積木

玩　法

媽媽一次拿一個積木堆疊，孩子跟著模仿。

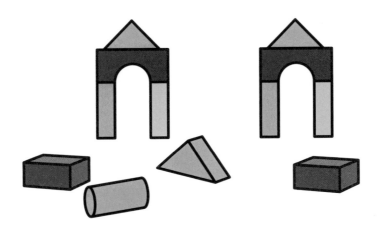

● 進階玩法

媽媽一次蓋三個積木，遮起來，請孩子跟著蓋出一樣的積木。

遊戲 3
6-8Y

左右拼圖

☑ 空間相對概念　　☑ 細節觀察

準備工具

名片紙卡、彩色筆、剪刀

玩　法

❶ 在名片紙上任意畫上圖案，然後剪成一半，分成兩堆。

❷ 請孩子先觀察兩堆中哪兩張可以拼成原圖，再動手拼圖。

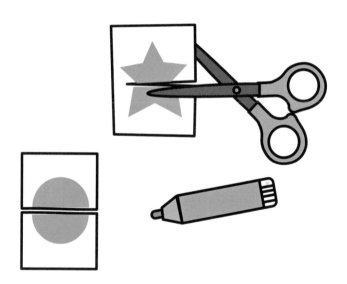

● 進階玩法

把每張紙卡再裁成一半，共分成四堆，看看是不是能找出哪四張可以拼成一張圖。

遊戲 4	翻牌加法
6-8Y	☑ 反應速度　　☑ 數學計算

準備工具

撲克牌

玩　法

① 指使用撲克牌中的數字牌，任意分成兩堆。

② 媽媽跟孩子各負責一堆，一同數到 3 後各翻出一張牌，看誰先加出正確答案。

● **進階玩法**

加入英文牌，媽媽跟孩子共同定義每張英文牌所代表的數字。

視覺區辨能力發展訓練遊戲

 訓練視覺區辨對孩子學習的幫助

「大」與「太」有什麼不同？能夠察覺到多一點、少一點的區別，主要就是依賴視知覺能力中的「視覺區辨」技巧。望文生義，視覺區辨能力就是能將所看到的影像彼此做比較，像是分辨兩人長相不同、比較哪塊蛋糕比較大，都是需要這項技巧。

從孩子探索環境開始，視覺區辨能力就開始被訓練著，包括對於顏色、形狀的比較，進而運用在日常生活中，像是發現兩隻鞋子、襪子不一樣，比較兩件衣服大小，這才能穿對鞋襪，不會穿到跟哥哥相同花色的衣服。

到了幼兒園時期，視覺區辨能力常運用在圖案及文字的辨認，像是大家熟知的「大家來找碴」這類的兩張圖案比較、找出不同點的遊戲，就可以大量訓練視覺區辨能力。這樣的訓練並非只是為了遊戲，而是能夠訓練大腦快速分辨兩個視覺訊息的差別，進而幫助孩子能夠快速地分辨高低、長短、高矮、大小、多寡，也就是認知能力的提升，幫助孩子在學習能夠更順利。

當孩子開始學習文字，視覺區辨會幫助孩子察覺文字的差別，包括文字方向、部首的差別，也就是有助於避免鏡像字的出現。

對於學齡前沒有足夠視覺區辨練習的孩子，到了小學常會出現的問題有：

✪ 常認錯字、讀錯字

對於類似的文字在辨讀時需要花更長的時間，像是無法快速辨讀出「陽」與「楊」的差異，因此在朗讀課文的時候速度變慢、無法一次說完完整的句子，這類的孩子很容易被認為是閱讀障礙。

✪ 相似字辨認錯誤

像是注音的「ㄇ」、「ㄈ」、「ㄩ」會辨認錯誤，在考試時會寫錯字或拼錯音，嚴重的造成對題意的誤解或是不理解，因此影響考試成績。這些孩子常被認為是不專心，但是怎麼督促卻都沒有辦法進步，就是因為忽略了考慮視覺區辨能力的評估。

✪ 越寫越錯

當孩子辨認錯字或是寫錯字後，大人們會以罰寫希望讓孩子記得字體的正確寫法，但孩子的問題在於視知覺，並非動作能力的問題，所以不僅處罰沒有作用，甚是孩子在罰寫的過程中還是會出錯！

現在孩子平時課業繁重，所以很少有時間能夠到處多看看，因此可以利用各種遊戲來提升孩子的視覺區辨能力與技巧。

筆子士兵

遊戲 1
3-5Y

☑ 家事練習　☑ 手眼協調

準備工具

剛洗好的筷子

玩　法

❶ 將筷子平鋪，請孩子找出方向不同的筷子。
❷ 挑出來並正確排列，接著把筷子收好。

> ● **進階玩法**
> 採用計時方式，看看孩子最快可以多久把筷子整理好。

遊戲2 3-5Y	形狀著色
	☑ 形狀與顏色辨認　　☑ 精細動作

準備工具

紙、筆

玩　　法

① 媽媽在紙上畫很多圓形、方形、三角形。
② 請孩子在把圓形塗上紅色、方形塗上綠色、三角形塗上藍色。

● 進階玩法

重新畫一張圖案，並加入菱形與梯形，並另外指定顏色，請孩子著色。

遊戲 **3**

6-8Y

城堡分身

☑ 交替性專注力　　☑ 手眼協調

準備工具

堆疊式的積木或是組裝式的積木

玩　法

❶ 媽媽先堆疊出兩個相同的城堡。

❷ 然後更換一些地方的積木樣式、
顏色，或方向。

❸ 接著請孩子找出哪些地方不
一樣，並試著修改。

● 進階玩法

讓孩子看兩個城堡 1 分鐘後，媽媽把城堡蓋起來，請孩子以描
述方式，說說兩座城堡不同的地方。

遊戲 **4** 6-8Y	**我找他**
	☑ 細節觀察　☑ 持續性專注力

準備工具

媽媽利用編輯軟體，在紙上任意排列三組字詞：「我找他」、
「我我他」、「找找他」

玩　　法

請孩子找出「我找他」。

● **進階玩法**

將「他」也更換不同部首，像是「她」、「牠」、「祂」，在
與前面的「我」及「找」任意排列，媽媽指定孩子找出特定字詞。

視覺記憶能力發展訓練遊戲

 訓練視覺記憶對孩子學習的幫助

學習的過程，不單單只是接收資訊、融會貫通，同時對於學到的知識要能夠持續使用，甚至與其他的知識加以堆疊，達到舉一反三的境界，那麼記憶就顯得重要了！

尤其學習絕大部分來自視覺訊息，因此視覺記憶能力就變成了學習前必須建立的基礎能力之一。

視覺記憶指的是對於視覺資訊的記憶能力，也就是記得看過些什麼，既然這樣，就是讓孩子多看，自然就會記得，為什麼需要訓練？其實是因為孩子在看的時候，大腦不知道何者重要、何者可以忽略，因此常常記到不該記的！有些家長發現，孩子走過一個地方或告訴媽媽何時曾經來過，但是問他早上吃了些什麼，他卻說不出來；放學回家卻能告訴媽媽今天吃了什麼點心，但是卻回憶不起來老師教了什麼。

這就是孩子的視覺記憶能力還需要訓練，包括對重點的選擇，以及記憶的強度。那麼孩子記憶一件事物應該記多久？記憶分為即時記憶、短期記憶、長期記憶，分別是以多久時間還能回憶出內容

來做為依據，但是對於看過的題目、學過的文字，我們總希望孩子都能將這些訊息化為長期記憶，認為這樣對孩子的學習與未來會有很大幫助，但事實上這些資訊並非隨時都能用到，若要孩子全部記得，那反而對大腦有害，想想看，這就像是電腦記憶體裝了很多偶爾才用到的資料，就沒有足夠空間記憶及運算新的訊息了！

因此對於視覺記憶的訓練有兩個方向：

✪ 工作記憶與長期記憶

工作記憶屬於任務型的記憶，只要任務結束就可以忘記。像是遊戲過程中需要的就是工作記憶，只要遊戲結束就可以忘記，當然孩子可能會在一陣子後跟媽媽回憶遊戲過程，這是因為孩子對於遊戲的動機與興趣比較高。而平時的讀書呢？學習的知識等到考試後就可以忘了！但是重要的知識該如何延續？需要家長隨時幫孩子複習，這樣才能把知識化成長期記憶。

✪ 順序記憶

可以說是較困難的視覺記憶，因為不只要記住有哪些訊息，更要記住排列順序，例如給孩子看電話號碼，孩子不能只記住有哪些號碼，而是要記住這些號碼的順序，這樣這組號碼才有意義！

視覺記憶是孩子學習知識的基礎，必須有效訓練才能幫助孩子學習更為順利。

遊戲 **1**
3-5Y

消失的積木

☑ 觀察力　　☑ 記憶技巧

準備工具

積木

玩　法

① 媽媽找出五個不同樣式的積木擺在孩子面前。

② 請孩子看約 20 秒後，請孩子閉起眼睛，媽媽將其中一個積木拿走，放回積木堆，並重新排列積木。

③ 請孩子張開眼，在積木堆中找出媽媽拿走的積木。

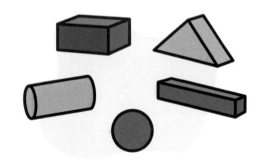

● **進階玩法**

媽媽排五個積木，請孩子看約 30 秒後，媽媽把積木蓋起來，請孩子找出相同的積木並排好。

遊戲 2 3-5Y	杯子藏球
	☑持續性專注力　☑手眼協調

準備工具

三個杯子、彈珠一顆

玩　法

❶ 將三個杯子倒蓋，將彈珠放入任一杯子。

❷ 媽媽任意移動杯子，請孩子找出彈珠在哪個杯子中。

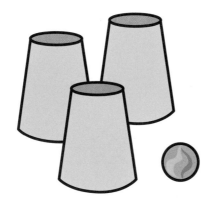

● **進階玩法**

在兩個杯子各放入不同樣式的彈珠，媽媽移動杯子三次，請孩子找出指定的彈珠位置。

遊戲 **3** 6-8Y	**點餐時間**
	☑ 記憶廣度提升　☑ 耐心培養

準備工具

名片紙、彩色筆

玩　法

❶ 請孩子在名片紙上設計不同餐點，也可以利用現成的圖卡。

❷ 媽媽抽出三個餐點圖卡，給孩子看 5 秒後蓋起來，請孩子說出有哪三個餐點。

● 進階玩法

媽媽跟孩子輪流翻一張餐點圖卡，翻出來後要先說出剛剛出現的所有餐點，然後再說出自己手上的圖卡名稱，看看最後誰能記得最多。

準備工具

名片紙、筆

玩　法

❶ 媽媽跟孩子在名片紙上寫下熟悉的地名。

❷ 將寫好地名的名片紙任意放在地上,每張距離至少兩公尺以上。

❸ 媽媽從一個地名開始,走過四個地方,請孩子重複媽媽走的路程。

學校
動物園
兩公尺

● 進階玩法

媽媽走過六個車站地名,然後請孩子反方向走回去。

視覺搜尋能力發展訓練遊戲

 訓練視覺搜尋對孩子學習的幫助

環境中充滿著各種顏色、形狀、閃爍的視覺訊息刺激,對於 3 歲前的孩子,這些刺激足以提供視覺神經細胞的健全成長,但是對於 3 歲後的兒童,過度的視覺刺激會導致孩子不知道該注意什麼地方,因此導致孩子不專心。

現代孩子的專注力無法集中,除了環境中的訊息過多外,孩子視覺搜尋的能力沒有獲得提升,也是原因之一。因為孩子在尋找目標時,受到其他視覺訊息的影響,因此注意力被轉移了!像是老師要求孩子朗讀課本中的文字,而孩子唸完一行要換下一行的時候,沒有辦法立即找到下一行,或在這個過程中看到桌上的文具而開始注意到文具,於是出現唸錯字、唸錯行的現象。這些都容易被認為是專注力不足,而忽略了考慮視覺搜尋能力,導致訓練方向錯誤,孩子就不會進步。

由此可知,良好的視覺搜尋能力,對於文字閱讀有實質幫助,那麼對於數學呢?有些孩子對於單純的計算沒有問題,但是遇到應用題就會出現狀況,這時大人總是認為孩子的理解能力有問題,所

以加強了孩子大量閱讀的機會，卻又發現孩子的閱讀沒有狀況，這時候如果評估孩子的視覺搜尋能力，會發現孩子在這部分落後許多，讀懂題意在計算時，想要回頭尋找關鍵數字時發生失誤，導致後續答案出錯。

視覺搜尋能力的提升，<u>不只幫助學習更正確、更有效率，對於考試也是有幫助的！良好的視覺搜尋能力，可以避免孩子考試時跳題，造成漏寫，檢查、驗算時才能把每一題都仔細看過。</u>

視覺搜尋能力可以分為兩個等級：

✪ 特徵搜尋

特徵搜尋是指搜尋目標的特徵，與其他干擾物的特徵相差極大，例如尋找紅色物品，目標群中除了紅色，就只有藍色、綠色、白色等相異性大的顏色，所以搜尋容易。

✪ 連結搜尋

指的則是當所有物品的相似性較高時，以上述例子來看，若目標群中有粉紅色、紫色等，就可能干擾視覺搜尋結果。因此對於學習而言，在視覺搜尋尚未訓練提升之前，會建議盡量指給孩子「特徵搜尋」的環境，才能幫助孩子願意繼續學習。

遊戲 1
3-5Y

車車密碼

☑ 數字與英文字母認識　　☑ 細節觀察

準備工具

外出行走時，利用路邊停放的車輛，或等待紅燈時，觀察附近的車子。

玩　　法

❶ 指定一個數字或英文字母。
❷ 請孩子看看周遭的車牌，是否有符合的？

● **進階玩法**
帶著孩子認識各廠牌名稱及 LOGO，請孩子找找周遭是否有某廠牌的車子。

遊戲 2	**拆除大隊**
3-5Y	☑ 精細動作　☑ 小肌肉力量

準備工具

組裝式積木

玩　法

① 媽媽將積木先組裝成城堡或是大立方體。

② 給予孩子一個顏色或是大小的搜尋指令，請孩子旋轉作品，看看能找到幾個。如請找出紅色的圓形。

● 進階玩法

請孩子把組裝好的積木慢慢拆開，並找出指定的積木。

生字搜尋

遊戲 **3**
6-8Y

☑ 認識文字　☑ 耐心培養

準備工具

紙與筆

玩　法

❶ 媽媽在紙上寫孩子剛學到的生字，可以有不同大小、不同方向、不同筆跡。

❷ 然後寫些與這個生字相差性大的文字，請孩子把生字圈出來。

> ● **進階玩法**
> 寫好生字後，媽媽寫些與生字相似的文字，請孩子仔細看，把生字找出來。

遊戲 4 6-8Y 第五個字

☑ 視覺掃描　☑ 快速辨認

準備工具

短篇文章或國語課本

玩　法

❶ 請孩子從文章開頭開始數 1 ～ 5。

❷ 把第 5 個字圈起來，直到文章或該段落結束。

❸ 數數看圈出來多少。

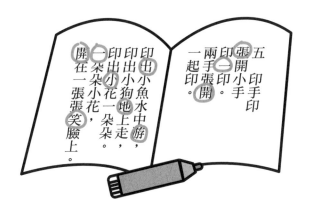

● 進階玩法

請孩子依照順序，把圈出來的文字唸出來。

觀察力發展訓練遊戲

 訓練觀察力對孩子學習的幫助

　　孩子要認識世界，最主要是由視覺來獲得資訊，這就是「觀察」。當寶寶大約 1 歲多放手走路後，就開始利用大量的觀察來探索環境，不論看到動態物品或是色彩鮮艷的靜態物品，都能夠吸引孩子的目光，引導孩子前去探索，這樣的行為會一直持續到 3 歲上幼兒園時，因此常建議家長對於 3 歲以下的孩子，應該要多帶他去不同的地方，讓孩子看看這個世界，這除了訓練觀察力以外，對於進入學校後的專注力也是有幫助的！

　　我們要認識一個事物的觀察過程中，同時提升了注意力、記憶力、思維力與想像力，像是孩子看到一片花海，注意到了有朵特別紅的花朵、告訴媽媽有那些顏色的花朵、計算每朵花有幾片花瓣、告訴媽媽也想要種一朵有七彩顏色的花，這些都是在觀察中所獲得的能力提升！

　　當孩子進入學校，觀察力就運用在學習當中，孩子要觀察字體的不同、數字的方向、老師的一舉一動，甚至是自己的勞作作品跟別人的不同處，這些都需要有良好的觀察力。

　　孩子在學習階段，接收訊息的感官主要來自聽覺與視覺，而其中又以視覺最重要，甚至認為學習資訊有超過 80% 來自視覺，因此不只要注意孩子的視力問題，而構成觀察力的「視知覺」能力也顯得重要了！觀察絕對不是隨便看看而已，而是要有一定的目的性，有選擇的去知覺某種事物，這樣的觀察才有效率，那如何選擇？有什麼目的？這就需要平時訓練觀察力，孩子才會學到在什麼情境該觀察哪些目標與細節。

　　對於學習，訓練觀察力的目標有：

⭐ 發現細節效率學習

　　訓練觀察力是為了讓孩子學習能夠更有效率，尤其是對於大同小異的細節要能夠有所注意，例如文字的部首、應用題中的關鍵字句等，若能夠細心觀察，就能快速辨別、正確計算，不僅影響成績，更能夠有多餘時間，學習更多知識。

⭐ 察覺問題及早改正

　　觀察力不只要學習，更需要能看出錯誤的地方，避免一錯再錯，最典型的運用就是考試時的檢查及驗算，有些孩子找不出哪裡出錯了、哪裡算錯了，這都與觀察力不足有關係。

遊戲 1　拼圖邊邊

3-5Y

☑ 特徵搜尋　　☑ 培養耐心

準備工具

100 片以上的拼圖

玩　法

請孩子找出拼圖的邊框，也就是有一邊或兩邊為平線的小拼圖。

● 進階玩法

請孩子不要用手一片一片拿起來看，直接用眼睛觀察，直接動手拿出符合條件的拼圖。

遊戲2	**積木點數**
3-5Y	☑ 顏色辨認　☑ 數量記憶

準備工具

相同形狀但顏色不同的積木若干

玩　法

① 將積木散在桌上，媽媽指定一個顏色。
② 讓孩子用眼睛觀察出這個顏色積木的數量。

> ● **進階玩法**
> 媽媽指定兩個顏色，請孩子用看的，判斷哪個顏色的積木比較
> 多。

遊戲 3　支援前線

6-8Y　☑ 線索整合　☑ 視覺掃描

準備工具

利用客廳及房間各項物品

玩　法

❶ 媽媽給孩子關於某件物品的五條線索。

❷ 請孩子找出媽媽要的東西。

● **進階玩法**

媽媽只給三個線索。請孩子把符合線索的物品都找出來。

數字捉迷藏

☑ 視覺搜尋　☑ 順序記憶

準備工具

紙、筆

玩　法

❶ 紙上畫 9 x 9 方格，任意填上 0 ～ 9 數字若干。
❷ 媽媽根據表格中數字依照順序唸出五個數字，請孩子找找
　這五個數字排列在哪裡。

1	8	9	7	6	5	4	3	2
5	0	1	2	3	4	5	6	7
9	6	2	1	4	5	8	2	0
7	5	0	3	3	6	9	3	5
3	4	9	1	4	7	0	9	7
1	3	8	2	1	5	8	4	6
0	2	7	0	9	8	6	2	1
8	9	0	1	2	3	4	5	6
7	6	5	4	3	1	0	2	9

● 進階玩法

媽媽根據表格中數字，找出三個連續數字加起來，只告訴孩子
加起來的總合數字，請孩子找找符合條件的有那些連續數字。

阿拉伯數字的認識訓練遊戲

 ## 訓練阿拉伯數字認識對孩子學習的幫助

　　許多父母在教導小孩時，喜歡數「1、2、3」給予孩子「最後通牒」，但是很多孩子在媽媽説「1」的時候，就會跟著數上後面的數字。這雖然讓媽媽覺得啼笑皆非，但是從正面角度來看，也是表現出孩子的數數能力！當孩子能夠記住數字的順序，在接下來可以學習數積木、數糖果，也就是開始懂得「量」。這時候我們會開始把數字寫下來，這些簡單筆畫的數字，其實對孩子不單單只是「數學」的學習，更是所有學習的基礎！

　　人類之所以優於其他生物，是因為我們有文字系統，這有助於訊息的溝通與文化的傳承，而孩子一開始學習的文字就是數字，對於剛開始學習文字的孩子，大腦還學不會有「圖案」與「文字」的區別，所以「2、5」、「6、9」對孩子來說都是一樣的，需要半年的時間讓大腦重新調整，才能知道不同方向的「圖案」代表著不同意義。因此在學習數字的時期，如果能夠加以觀察及教導，可以避免孩子學習文字時出現「鏡像字」或「顛倒字」的現象。

　　缺乏學習動機是目前孩子學習不專心的主要原因，而讓孩子獲得「成就感」，可以有效提升學習動機！成就感的來源並不見得來自物質的獎勵，而是可以利用「數字」來達成，例如分數、名次，都是很好的誘因。孩子為了獲得第一名、為了 100 分，做起事情、上起課來就會更認真、更投入，如果孩子不先認識數字，那麼對於名次、分數也就不了解意義，當然就不會想要學習了！

　　對於學習本身，認識數字對孩子的幫助有：

⭐ 分門別類、效率學習

　　我們對於列表式的內容總能比長篇大論來得容易接受，吸收也會更好，對於孩子來說，認識數字、懂得編號後，就能夠把重點條列式紀錄，並且能夠根據順序學習，不只學習效率提升，學習將更具規劃，就像是孩子能跟著聯絡簿中抄錄的功課，一項一項的完成作業一樣。

⭐ 運筆練習、建立寫字基礎

　　認識數字後，孩子會想要到處書寫，藉此展現自己的新技巧，並且試圖獲得大人的讚賞。這個過程不只把數字學得更扎實，同時也在訓練手指小肌肉運筆的能力，對於將來寫複雜文字有基礎建立的效果。而這樣的練習，並不是要求字要寫得漂亮，反而是要多寫，當寫得多了，運筆能力會更穩定，字體自然變得工整、漂亮了！

遊戲 1	數與量	
3-5Y	☑ 反應速度	☑ 數與量配對

準備工具

0～9 數字字卡、積木或是豆子

玩　　法

❶ 媽媽抓一把豆子（不超過9顆）。
❷ 請孩子數一數，拿起正確數字的字卡。

● 進階玩法

準備兩套字卡，媽媽抓更多豆子（超過10顆），讓孩子數過後，拿兩張字卡拼出正確數量。

遊戲 2
3-5Y
數字連連看

☑ 玩具收納　　☑ 字體架構

準備工具

各式玩具

玩　法

❶ 媽媽說一個數字。
❷ 孩子利用玩具在地上排出數字的樣子，排好後把玩具收起來。

● **進階玩法**

媽媽跟孩子輪流出題，看誰拼出的數字比較像。

遊戲 **3**
6-8Y

數字臉孔

☑ 創意表現　　☑ 細節觀察

準備工具

紙、筆

玩　法

❶ 媽媽在紙上任意寫下一個數字。
❷ 請孩子利用這個數字畫出一張臉。

● **進階玩法**
任意抽出孩子畫過的臉孔，請孩子找找有幾個數字藏在裡面。

遊戲 4	海軍棋
6-8Y	☑ 座標概念　☑ 空間方向概念

準備工具

方格紙、筆

玩　法

❶ 在方格紙上各寫下 0 ～ 9 座標，座標的讀法為先讀橫座標，再讀縱座標。

❷ 媽媽跟孩子在各自的紙上找五個格子畫叉。

❸ 兩人輪流喊座標，看看誰的五個座標最先被猜中。

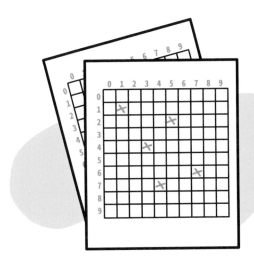

┌ ● **進階玩法**

媽媽跟孩子各自在紙上畫五個連續兩個的格子，兩人輪流喊座標，必須格子全被擊中才算失敗！

注音符號的認識訓練遊戲

訓練注音符號對孩子學習的幫助

　　注音符號是做為文字拼音的依據，也就是幫助孩子知道每個字該怎麼讀，在目前的教育制度中，注音符號是必學的項目，但是有學者建議應該以羅馬拼音來代替注音符號，理由有二，第一、注音符號有 37 個字母，而羅馬拼音只需要 26 個字母。第二、在羅馬拼音的學習過程中，可以順帶學習到英文字母。

　　但是目前只有台灣在使用注音符號，所以換個角度來想，我們正在學習一種只有少數人懂得密碼，就像是在通訊軟體中打入「厂厂」，也只有我們懂得這是「呵呵」的意思。這樣的方式可以讓孩子在學習語文時，利用「密碼」來彼此溝通，雖然嚴重的會變成「火星文」，但這也想對提升孩子學習語文的動機，還是有好處的。

　　學習注音符號對於學習漢字是有幫助的，這是因為當初制定注音符號時，是採用漢字字體的一部分或是整體制定，因此學習注音符號的寫法，也就是建立文字書寫的基礎。並且利用筆畫簡單的注音符號，讓孩子練習筆順的書寫，當建立習慣後，對於複雜的漢字，筆順才能駕輕就熟，減少父母、老師重複教導的時間。

其他對於學習注音符號的好處有：

✪ 電腦文字輸入使用

對於還不認識文字的孩子來説，在學習電腦時需要輸入文字，是無法利用像是倉頡這類以字體為根基的輸入法，因此注音符號輸入顯得很重要。雖然利用羅馬拼音也能達到相同的結果，但是拼音缺乏聲調的輸入，不僅造成輸入時間的延遲，更沒有辦法幫助孩子發出正確讀音。

✪ 筆記方便

上課時，若要完整記錄重點，可能無法好好聽老師説，所以通常會採用簡單的方式來做筆記，有些孩子會採用簡體字，但是久了以後就會不知不覺使用簡體字。因此有些老師認為，孩子自己的筆記若能用注音符號來記錄，一方面因為筆畫較少、記錄較快，另一方面不會讓孩子把字體的樣貌錯誤判讀，有助於文字學習的正確性。

注音符號有助於孩子的學習，但是是否該在上小學前，先偷偷學注音符號？其實這必須根據孩子的發展與學習狀況來訂定，才能幫助孩子在沒有壓力下獲得學習成就。

遊戲 1　注音著色

3-5Y

☑ 工作記憶　　☑ 手部穩定控制

準備工具

列印空心注音符號、彩色筆

玩　法

❶ 帶孩子認識幾個注音符號後。
❷ 要求孩子把某一個注音符號找出來著色。

● **進階玩法**

要求孩子把不同注音符號塗上指定的不同顏色。

遊戲 2
3-5Y

注音拍拍

☑ 節奏練習　　☑ 手眼協調

準備工具

寫上所有注音符號的紙

玩　法

❶ 媽媽說「ㄅ、ㄨ、ㄇ」
　 等任意三個注音符號。
❷ 孩子要依照順序拍打這
　 三個注音符號。

● **進階玩法**

媽媽選一首兒歌，將歌詞任意用注音音符代替，媽媽唱一句，
孩子要跟著唱，並指出注音符號。

遊戲 3
6-8Y

注音猜字

☑ 邏輯思考　☑ 創意發想

準備工具

無

玩　法

任意指定兩個注音符號，想想有哪些詞是這兩個注音符號開頭的？例如「ㄅㄏ」，可以想到「不會」、「巴哈」等。

● **進階玩法**

選出三個注音符號，想想有沒有詞句符合這三個注音符號開頭？例如「ㄅㄅㄅ」可以想到「八寶冰」。

遊戲 4 6-8Y	注音拼字
	☑ 反應速度　☑ 拼音能力

準備工具

注音符號字卡

玩　法

將字卡散放桌上，媽媽指定一個字，讓孩子快出找出正確的注音符號。

說！

● **進階玩法**

準備兩套注音符號字卡，散放桌上，媽媽與孩子競賽，看誰能找到最多的拼音。

英文字母的認識訓練遊戲

 訓練認識英文字母對孩子學習的幫助

遇到英文，父母總會希望孩子能夠盡早把英文字母背好、寫好，這樣才能夠開始學拼音、學單字，接著就能夠學句子、練說話，想著要讓孩子能夠與國際接軌、提升競爭力。但這樣的方式不只違背了語言學習「聽、說、讀、寫」的順序原則，更讓孩子對於語言的學習感到壓力，不僅英文學不好，連帶地對於國語的學習也降低了動機，造成一連串學習的問題。

英文變成了現在孩子學習不可或缺的一環，但是幾歲可以學英文？與其考慮這個問題，倒不如先把英文字母當成「圖案」來玩，讓孩子先跟英文字母當「好朋友」，讓孩子看到英文字母能自然反應，將來遇到拼音時就不會感到壓力，學習動機自然就能提升！這是對英文學習本身的幫助。

認識英文字母對於其他學習有幫助嗎？

✪ 幫助練習正確筆順

首先，我們所提到的「圖案」遊戲，就是不讓孩子把英文字母當文字來學習，而是當成一張圖，讓孩子描繪英文字母、在字母上塗顏色、利用字母創造圖畫，這樣的方式讓孩子對於字母更為熟悉，有助於降低字母寫顛倒的現象。

在描寫的過程中，引導孩子嘗試用大人的筆順「畫」出字母，可以讓孩子體驗正確筆順對於文字書寫的便利與美觀。藉此延伸到數字、中文字的學習，孩子才會願意仔細辨認文字方向、部件相對關係，以及好好學習筆順，降低了大人教導孩子寫字的精力耗費，以及減少親子對立的狀況。

✪ 有助數學及電腦編程學習

當數學教育出現了「代數」，孩子常常無法理解英文字母所代表的意義，會導致孩子數學學習出現障礙，大人常認為是孩子的邏輯能力變弱了，卻忽略了是文字的認知問題。若能從小利用英文字母與數字搭配玩「編碼遊戲」，孩子就能輕鬆且快速反應字母與數字的關係，不僅數學學習更為輕鬆，對於現代流行且可能列為必修課程的「編程教育」，也可以降低孩子學習的門檻，幫助孩子更能夠了解程式語言所代表的意義。

學習英文字母的重要性不僅是為英文學習建立基礎，對於其他學科學習更具有畫龍點睛的意義，因此我們應在孩子開始認字時，讓孩子利用遊戲開始學習英文字母。

遊戲 1
3-5Y

空中寫字

☑ 手部力量訓練　　☑ 筆順記憶

準備工具

英文字卡

玩　法

孩子抽一張英文字母卡，把字在空中寫給媽媽看，請媽媽猜。

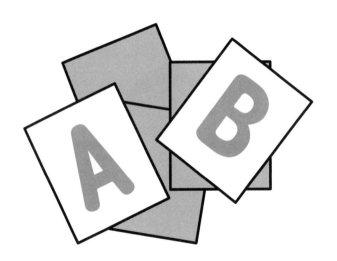

● 進階玩法

抽字母卡後，用屁股寫字，看看媽媽是否猜得出來。

眨眼猜字

☑ 字母順序記憶　　☑ 動作控制

準備工具

英文字母卡

玩　　法

❶ 孩子抽一張英文字母卡，想想這個字母的順序。

❷ 用眨眼的方式，第幾個字母眨幾下，讓媽媽猜猜是哪個字母。

● 進階玩法

左眼代表個位數，右眼代表十位數，試試這樣是否比較好表達、比較好猜出答案。

遊戲 3
6-8Y

拼字翻牌

☑ 文字記憶　　☑ 精細動作

準備工具

英文字母卡

玩　法

❶ 將英文字母卡蓋於桌面，媽媽說一個英文單字（若其中有重複字母，需增加該英文字母卡）。

❷ 請孩子一次翻一張牌，翻錯了把牌蓋好重來。

❸ 需要依照拼字順序翻出字卡才算成功。

APPLE

● **進階玩法**

孩子翻第一張字卡，想想這張字卡拼音的單字，接著把這個單字的字母牌翻出來

遊戲 **4** 6-8Y	**拼字拍拍**
	☑ 環境觀察　　☑ 單字記憶

準備工具

家中家具英文單字卡，將單字卡貼到家具上

玩　　法

❶ 媽媽說一個英文字母。

❷ 請孩子找找那些單字裡有這個字母，媽媽可以帶著孩子認識英文單字。

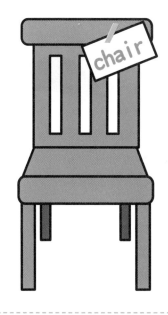

● **進階玩法**

媽媽說兩個字母，找找哪些單字有這兩個字母。

玩遊戲小筆記

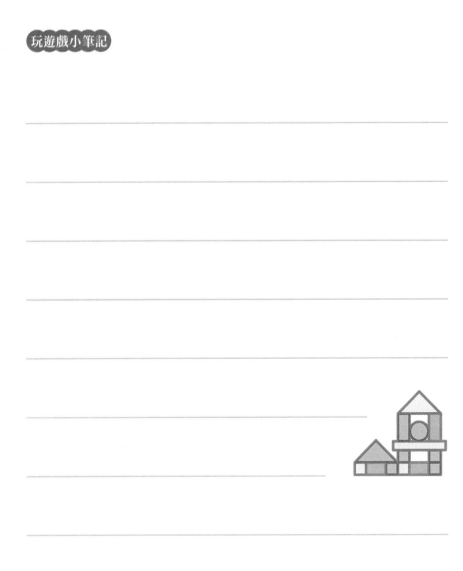

PART 3

上小學前
應做好的準備

即將上小一，父母應有的心態

　　父母不可能無時無刻和孩子在一起，隨著年紀的增長，孩子的學習能力也會增加，父母就要慢慢習慣放手，這樣孩子才可能真正的長大，不過，每個孩子的成熟度及性格差異性大，父母應該用適合自己孩子的方式來引導他，同時也要有耐心接受孩子偶爾會出現的叛逆或固執表現。

✪ 請培養孩子的獨立性

　　只要確保安全無虞，能夠讓孩子做的事就讓他自己來，例如買東西時，嘗試讓孩子去結帳；搭公車時，讓孩子刷悠遊卡；走路時，讓孩子看紅綠燈過馬路，逐一放手讓孩子去體驗他能力所及的事，這樣他才有辦法獨立進入校園學習，然後在沒有父母作伴的情況下，懂得主動和同學說話和老師溝通，或是自己獨立做一些決定。

　　如果父母凡事都幫孩子做好，或是各種危險都幫他提防在前面，這樣反而讓孩子失去獨立的能力，等上小學之後孩子就容易有挫折感，因為他會發現別人會的事他都不太會，或是連過馬路的概念也不懂，反而會增加孩子的危險。

✪ 由孩子安排合理的作息時間

　　每天都有固定要做的事，例如吃飯及洗澡、寫作業、看電視等等，這些事情都有一定的順序性，最好是讓孩子自己建立生活作息

的時間安排，當然前提是父母要覺得安排是合理的，例如每天放學回家先休息 30 分鐘，然後就要去寫功課。等功課做完了就要吃飯，吃完飯之後可以看 30 分鐘的卡通等等，父母可以扮演督導員的角色，如果孩子有些事沒有完成，或許就取消玩耍或看卡通的權利，慢慢地孩子就會產生自律性，他會知道要在合理的時間內，將必須做的事做完。

除了時間讓孩子自己安排之外，他的事情也要讓孩子自己做，例如自己準備明天上學要穿的衣服、自己整理書包等，父母不要凡事代勞，否則孩子就沒有機會學習。

✪ 讓孩子主動想要學習

孩子需要有自動自發的心才能把事情學好，所以，不要孩子一問問題，父母立即告訴他答案，或是馬上幫他處理，例如請孩子去洗抹布，父母可以示範一次，再讓孩子嘗試，一開始孩子可能洗不乾淨或是水擰不乾，父母可以問孩子那該怎麼辦？由孩子提出答案，然後再請孩子試試看，透過討論及思考，孩子解決問題的能力就會提升。如果是知識性的問題，甚至於也可以讓孩子用平板來查資料，例如捷運要怎麼搭去 101，讓他自己找答案，如果父母可以多引導而不是只教導，就會發現孩子可以獨立思考，而且懂得去找方法。

✪ 尊重孩子的創意

孩子在上學之後，有些功課或事情他可能會有獨特的想法，例如畫畫課他畫一個看起來不像動物的動物，可能他會說那是某種怪獸，父母要給孩子表現創意的機會，只要他有依照老師的要求完成功課就可以，不要用父母的主見來要求孩子進行功課。

即將上小一，父母應教會孩子的 10 件事

　　即將上小一，孩子又朝人生前進了一大步，不過，這個階段的孩子仍需要爸媽給予足夠的陪伴及照顧，但是爸媽也要慢慢教會孩子一些自理能力、思考能力、人際交往、安全知識等等，這樣孩子才有辦法成為獨立的小一生。父母應該教會孩子的當然不是只有十件事，可能是二十件、三十件，不過，爸媽可以先檢視一下這基本的十件事，您的孩子已經學會了多少，如果還有不足的地方，可以利用升小一前的暑假趕緊加強一下。

❶ 建立生活作息

　　小一通常是早上 7:30 前要到校，所以，從上學前幾個月就盡量要養成差不多的起床作息時間，如果已經有上幼兒園的小朋友起床作息多數已建立，比較不會有適應上的困擾。最好讓孩子學會注意時間，要自行遵守上學時間，由孩子來提醒父母該出門上學了，而不是每天都由父母趕著在遲到前把孩子送進學校。

❷ 基本的自理能力

　　通常 6、7 歲的孩子已經有能力自行吃飯、自行將文具放入書包、自行穿脫衣物及鞋襪、自行如廁、自行洗手等等。如果您的孩子基本自理能力還不夠就要提前練習，盡量讓孩子有機會從頭到尾

完成份內的事情。因為上小一之後，很多自理的事是需要孩子自行在學校完成，父母不可能去學校幫孩子穿上外套或幫孩子整理書包，如果沒有先教會孩子自理能力，可能會發生無法準確整理書包、弄丟課本、衣著混亂等狀況。

③ 建立團隊互動的能力

小一開始孩子不管在學習或遊戲上，有更多狀況需要與別人合作，所以，爸媽要把握日常機會訓練孩子懂得接納別人的意見（例如臨時有事情可以彈性改變計劃），能夠分工合作（例如一起把家裡的地板打掃乾淨），或是幫助別人的能力（例如幫媽媽照顧弟弟妹妹），這樣才會成為受歡迎，容易交到朋友的孩子。

④ 各種規則的遵守

上學之後會有很多規則要遵守，例如聽到鐘聲要進教室、上課有意見時要舉手、領東西時要排隊等等，不過，這些事情日常生活中不一定有機會可以先訓練，所以，最根本的方法就是要孩子學會聽從老師的話，讓孩子了解在學校中要仔細聽老師說的指令及規則，如果不了解就看旁邊的同學怎麼做，要能夠依照團體規範來學習。

阿鎧老師重點叮嚀！

「等待」是很多小一孩子缺乏的能力，因為不少孩子在家中有什麼需要時父母可能會立即滿足孩子，於是孩子就缺少了等待的能力，可能會忍不住就插話或是插隊，所以，在上小學之前，要訓練孩子等待的能力，例如請孩子等父母說完話再過來說話，等父母先做完手邊的事，才幫孩子找玩具等等。

❺ 足夠的安全知識

校園不同於家中是屬於開放性的環境，所以，孩子應該具備足夠的安全知識，例如了解不可以在樓梯間奔跑、不可以拿著剪刀玩耍、不可以在走廊玩球、不可以跳進學校池塘抓魚、不可以攀爬圍牆、不可以爬窗戶等等，如果日常生活中孩子有出現這些行為或是看見別的孩子有這些舉動，父母就要給予機會教育，才能減少校園意外的發生。

❻ 先學會寫自己的名字

上學之後會有很多課本及學用品都是統一購買，所以，小朋友會需要寫上自己的名字，才不會和同學拿錯物品，如果能在上小一之前先把自己的名字練好會更加方便，而且練習自己的名字特別有連結感，小朋友通常會開心想要學會。現在也有方便的姓名貼紙，家長也可以教導小朋友將姓名貼貼在物品上，以免分不清自己或同學的東西。

⑦ 和同學相處的禮貌

因為在學校會有自己的座位、自己的用品、自己的衣物，所以，要教會孩子需要使用別人的物品前要先詢問。另外，向同學借用的物品也要記得歸回，因為有些小孩還不太有所有物的概念，看到他人的物品可能會自行拿來使用或帶走，這樣可能會引起相處的糾紛。

⑧ 表達自己的想法

孩子在家的時候可能只要出現什麼動作或表情，父母就會猜中孩子的需要，不過，在學校時孩子是需要學會表達自己的想法，例如需要幫助或是有什麼不了解的事情，都應該鼓勵他說出來，這樣同學及老師才能適時給予協助，也能減少孩子學習的挫折感。

⑨ 接受不喜歡的事情

團體生活中，總有一些事是孩子不喜歡或是無法滿足孩子需求的，例如必須做老師規定的美術作品，或是只有少數表現好的同學才能獲得獎品，只有少數同學可以上台表演等等，要教導孩子用平常心來看待這些事情，也要有耐心去做自己不喜歡的事。

⑩ 熟記父母電話及家中地址

孩子越來越大就常有機會獨立行動，所以，要先記得父母的電話及家中的地址，例如放學之後如有特殊狀況，沒辦法立即找到老師協助，也要懂得找周邊的店家或看起來比較良善的大人來協助。

孩子的回家作業，
父母應該陪伴他完成嗎？

廣義的來說，父母要陪伴孩子做作業，這裡的「陪伴」是指固定在某個時間安排孩子專心做回家作業，例如回家後在晚餐之前要求孩子先寫功課，但不是指父母就要同時坐在孩子身邊，看著孩子寫每一行的國字或算每一題數學，因為這樣會養成孩子的依賴性，也浪費了父母的時間，畢竟現在的父母幾乎都是雙薪家庭，如果每天都要空出一、二個小時只陪孩子寫作業也是有困難的。

通常小一回家的作業並不會太多，所以，讓孩子養成先完成作業才玩耍的習慣，盡量不要等要睡覺前才寫作業，這樣就無法及早建立孩子規律的日常作息。

✪ 完成作業是孩子的責任

一開始可能是由父母叮嚀孩子去做作業，然後詢問孩子今天有多少作業，他是否全部都做好了，慢慢地就要讓孩子習慣回家之後主動去做作業。要讓他了解老師的作業是要小朋友自己做的，並不是帶回來找家長一起做，而且作業是否有確實完成，也要讓小朋友習慣最後一一比對連絡簿做確認，然後家長最後再進行確認簽名。

✪ 家長需要適時協助他

孩子做作業時，難免會遇上不了解，或是需要家長協助的部分，例如他會想要媽媽給一些建議或是需要媽媽幫忙找一些美勞材料，這些事家長可以適時協助孩子，但要記得主導權在孩子身上，也就是不要幫他完成不是他能力所及的作業，例如幫孩子畫了大半的圖畫或是幫孩子代寫作業，最後成了家長在做作業。

✪ 不要成為吹毛求疵的家長

通常小朋友完成作業時家長會協助做檢查，這時候只要幫他找出錯誤或是寫得最不好看的幾個字，然後請小朋友修改即可，不需要用完美的標準，要孩子把作業重做或是整段都要求他重寫，因為功課的完成度也是一天比一天進步，不要一開始就要求孩子成為完美的學生。

✪ 關心孩子需要加強的能力

孩子有時是上學之後才發現缺少了某些能力，例如多數的小朋友都可以自行寫字、自行畫畫、自行抄連絡簿。可是如果您的孩子注音老是寫錯，或是畫畫都要別人告訴他怎麼用色，連絡簿都抄不齊，那麼就要在回家之後多加補強，讓孩子可以更快跟上同學的進度，才有辦法每天將作業確實做完。

上課 40 分鐘，怎麼坐得住？

　　教育部規定國小每堂課必須是 40 分鐘，以多數小一生的年紀來說，上課要坐在椅子上長達 40 分鐘是有難度的，而即使可以坐上 40 分鐘不離開椅子，可是孩子的專注度大概持續 10 分左右就會分心了，除非老師上課的方式非常活潑或是進行需要孩子參與的活動，才能完全吸引小朋友投入其中。

　　當然也有少數孩子本來就習慣靜坐下來看故事書或畫畫，這些小朋友就比較適應上課的規範，但多數的孩子還是會覺得要乖乖坐著 40 分鐘是不簡單的。所以，我們可以找一些方法做練習，讓小朋友習慣上課的規範。

✪ 40 分鐘先要求待在教室

　　家長或是老師先讓小朋友知道上課的 40 分鐘都一定要待在教室中，所以，下課時間就要趕快去廁所，讓小朋友知道這是基本的規矩，至於小朋友是否可以完整 40 分都坐在椅子上就要慢慢要求，通常如果多數小朋友都坐得住，其他少數小朋友也會產生同儕效應，就會跟著一起坐在自己的椅子上。

✪ 遊戲提升小朋友上課專注力

給孩子下遊戲指令，媽媽可以告訴孩子你今天上課的時候要注意某某老師穿什麼顏色的衣服，然後記住老師上課第一句話和最後一句話說了什麼。孩子有可能不會記得很清楚，不過，遊戲的重點在於讓他注意老師，他會因為有任務而特別投入去聽老師說了什麼話，每天讓孩子去注意一位老師，久而久之讓他習慣上課就是要把目光放在老師身上。

✪ 老師可以適度引導小朋友分心

通常小一的老師也會了解孩子不是有辦法馬上就專心上課 40 分鐘，因此，老師多半會看情況適度引導小朋友「分心」，例如讓小朋友起來動一動或是玩一下大風吹的遊戲，先讓小朋友轉換一下情緒再繼續引導課程內容，這樣 40 分鐘其實很快就結束了。

✪ 訓練小朋友坐在桌椅做事

最好家中有一個位置是小朋友自己的專屬座位，然後做某些事情，例如讀書、畫畫、組裝玩具就要求小朋友坐到座位去，這樣會讓小朋友建立坐在專屬桌椅做事的習慣，上學之後也會比較習慣坐在自己教室的座位。

✪ 提升小朋友肌耐力

　　坐姿如果不正確小朋友很快就會疲累，所以，要先讓小朋友採用前面單元提到的合適坐姿來上課。另外，小朋友如果肌耐力不足，坐一會就會趴在桌上，所以，日常生活中要增加小朋友肌耐力的訓練，例如偶爾讓小朋友提適當的重物，或是讓他練習跳繩，或去公園玩各種可以增進體能的設備，都可以增強孩子的肌耐力。

✪ 事先做課業預習

　　因為每種課程是由不同科別老師來上課，所以，如果孩子在某些課程總是特別容易分心，家長就可以先針對這些課程做一些預習，因為有些孩子的學習及反應力比較慢，老師上課的內容如果對他來說太難，他就可能會分心，所以，先讓他有一些基本了解，他就會更投入去聽老師說了什麼。

阿鎧老師重點叮嚀！

　　如果開剛學沒多久老師向家長反應，您的孩子上課很容易分心或是上課會不小心起來走動，這都是正常的情況，不要太緊張或是責怪小孩，只要問問孩子為什麼會分心，站起來要做什麼事，然後再次和孩子說明上課的規則，請他努力一下配合老師，相信慢慢孩子就會越來越坐得住。

延伸討論 ## 上課不分心卻一直舉手發表意見

　　上課分心是常見的情況，但是另一種小朋友是上課不分心，但卻頻頻打斷老師的節奏，使得全班小朋友跟著一起分心。

　　有些孩子會因為事先有預習或是喜歡發表意見，於是只要老師一說到他了解的事，就立即舉手想要說話，剛開始老師可能會覺得這樣的小朋友很主動，可是次數太頻繁之後，老師就會產生教學困擾了。

告訴小朋友何時是說話時機

　　這時候就要事先提醒他，等上完課之後老師問有沒有問題時才能舉手，或是可以請老師給孩子一個更難的問題，請小朋友思考後下課再來告訴老師，要讓熱情的小朋友也學會上課規矩。否則即使孩子沒分心，卻老是把話題引導到不同地方，影響了老師上課的節奏，這也不是好的狀況。

下課才能和隔壁同學聊天

　　有些小朋友是一聽到老師教到一個熟悉的主題，就忍不住和隔壁同學說起來，欲罷不能聊得很開心，這種時候可以告訴孩子，因為聊天會干擾老師及其他同學，所以，要等到下課的時候才能繼續聊天，老師也可以適時讓小朋友站起來唸一小段課文或是發表一下意見，再把小朋友拉回來課程中。

抄寫聯絡簿，如何速度快又準確？

聯絡簿主要是孩子每日的回家作業以及明天要帶的物品，還有老師與家長溝通的管道，通常老師會將每日的功課寫在黑板上讓小朋友利用早自習抄寫起來，有些連絡簿還會貼心的先印上常用的國語、數學、自然等科目以及明日需準備的用品等字，小朋友可能只要圈起來老師交代的功課，再加上頁數就可以了。

不過抄寫聯絡簿對小一的小朋友來說是不算簡單的事，因為他必須將每件事都抄寫清楚，如果漏了幾個關鍵字或是抄錯了頁數，就有可能回家之後找不出要做的功課。

如果偶爾抄錯一些功課項目是正常的情況，最好平時能事先找一至兩位家長交換 LINE 或是現在也常有老師與家長組成的班級群組，必要時就可以問到正確的作業內容。不過，也必須讓小朋友盡量減少出錯率，因為抄寫好連絡簿也是訓練小朋友負責的做法。

✪ 要求他抄完要再確認一次

媽媽可以要求小朋友抄完連絡簿之後，從頭再確認一次，尤其是提醒他數數看黑板上有幾個小點，例如有四件事，他的連絡簿上就要有四件事，然後再把頁數也看一下，例如確認好是 38 頁，不是 30 頁。

⭐ 要求他小聲唸一次

　　有些孩子是屬於口到才會心到的類型，所以，提醒他先唸一次才開始寫，如果有字看不懂就問一下旁邊的小朋友，這樣經過嘴巴複誦的步驟，就比較不容易抄錯，不過，也提醒孩子小聲唸就好，不要吵到其他的同學。

⭐ 在家可以練習寫小紙條

　　媽媽平時可以把要記錄小點的事情交給孩子來做，例如去超市買東西之前，先請小朋友幫媽媽寫下來或畫下來要買的東西，例如1.醬油、2.衛生紙、3.豆腐，然後要小朋友仔細確認總共有幾個小點，去超市時就拿出小紙條來比對，讓孩子習慣以小點做紀錄的方式，這樣延伸到抄寫連絡簿就會提高準確性。

⭐ 沒有抄完不可以做別的事

　　有些小朋友會發生連絡簿抄一半，突然聽見教室外面有聲音就跑出去，之後回來就忘了連絡簿還沒抄完，而是覺得剛才有抄了於是就把連絡簿收起來。對於這種易分心的小朋友就要規定他，每次都要做完一件事才准離開做下一件事，所以，連絡簿一定要從頭抄完才可以離開座位，而且要確認抄好了才可以收起連絡簿。

阿鎧老師重點叮嚀！

　　不要去比較別的同學為什麼做得又好又快，因為每個孩子在上小一之前所受的訓練都不同，加上有些孩子本來就是比較謹慎的性格，有些孩子是比較散漫的性格，所以，小一上學期抄寫連絡簿家長不需要太嚴格，偶爾抄錯就協助他詢問其他家長，或是幫小朋友打電話然後讓他自己去詢問其他同學，不過，慢慢進展到下學期就要要求小朋友盡量準確抄好每天的連絡簿。

除了抄寫連絡簿之外，回家作業抄寫課文或是注音符號也是小朋友很常見的家庭作業，抄寫課文比較困難的地方在於小朋友要寫得快，然後也要寫得完整，還要抄對行，因為寫得量會比較多，可能是一頁或二頁，對於很少專心寫字的孩子來說就會有負擔。

分階段完成任務

家長可以先請小朋友一次先完成二、三行，然後請媽媽來看一下，如果有比較明顯的錯誤，例如很多字都寫出格子外，就請小朋友等下要調整，然後請他再專心完成三行，用一個階段一個任務的方式，讓小朋友分階段把功課抄好，而且要等完成一項作業才可以休息，不能寫了二行就先離開去玩耍。

準備一些輔助用具

如果孩子抄課文很容易漏行，就請他先拿出一支尺或一張紙，先放在第一行的旁邊，寫完再移到第二行，這樣就比較不會抄錯行。家長也可以先簡單為孩子複習一下課文內容，讓孩子知道他抄的內容是什麼，這樣孩子會比較熟悉內容，動作會比較快，也比較容易察覺自己寫錯了。

專心的寫字環境

寫功課的時候最怕分心及干擾，小一的階段要讓孩子有固定的寫作業環境，這個環境的周圍最好不要有吸引他的事物，例如不要同時有人在看電視、旁邊不要有他愛的玩具，而是一個單純的寫字環境。最好有固定習慣的書桌，然後要求小朋友每次寫作業都要坐在書桌前，好處是孩子習慣之後，只要一坐到書桌，他自然而然就會調整到寫功課的氛圍。

整理書包，怎麼不遺漏？

　　整理書包是一件不簡單的事，通常整理書包有二個時間，一個是前一天晚上把隔天要上課的課本及用品整理好，另一個時間則是放學前要把待寫的功課及用品都整理好再帶回家。

　　雖然是小一，不過，家長一定會發現小朋友的課本及用品其實非常多，有時候確實有可能一不注意就漏了一些東西沒帶到。甚至還有小朋友，覺得依課表來帶課本常常會忘記，所以，乾脆每天就把全部的東西都塞進書包，從家裡扛去學校，再從學校扛回來家裡。

　　另外，也有些小朋友是屬於忘東忘西型，三不五時不但物品沒帶回家，甚至連東西何時搞丟也想不起來，這對家長來說會覺得很困擾，因為經常就要再買一個水壺或是新的橡皮擦。

✪ 建立物品有固定位置的概念

　　首先最好是讓小朋友養成每個物品都放固定位置的習慣，例如課本一定都是放在最後面、作業本放在前面，鉛筆盒插在左邊的空位，水壺揹在身上或是放在書包側邊的網袋等等，然後教小朋友每天都用同樣的流程來檢查東西，例如從前到後，從大格子到小格子，一旦少了一個什麼物品，就比較容易察覺什麼東西沒帶到。

✪ 為他準備一個大提袋

有時候小朋友上課會需要用上一些材料，就會提著二、三個小袋子，這時就為他準備一個輕巧的環保袋，讓他在回家前能把全部的袋子都裝進大袋子中，因為只有一袋就比較不會發生回家途中弄掉某個袋子的狀況。

✪ 最好還是依課表整理書包

因為每天都把全部的課本揹來揹去真的是很重，而且長期下來會影響孩子的身高及骨骼發育，所以，還是建議和小朋友討論，盡量要依照課表及回家連絡簿來比對一下要帶什麼東西。

✪ 每天晚上陪孩子檢查書包

有些孩子是屬於不太會整理物品的類型，所以，小一剛開始家長可以每天晚上陪他一起整理書包，例如一起比對課表，然後確認連絡簿再把物品有秩序地拿出來、放進去。等練習一個月之後，可以嘗試慢慢放手讓孩子自己整理看看，最好是盡量讓小朋友自己動手，不是家長幫忙擺好每件物品，因為這樣孩子還是學不會如何整理書包。

⭐ 準備一張提醒小紙條

　　如果孩子是屬於忘東忘西型，沒有寫在連絡本上的都會忘記，就幫他做一張備忘紙條放在鉛筆盒中，要求他每天放學時都要確認一次，例如水壺、鉛筆盒、餐袋、外套等，這樣可以減少他弄丟物品或沒帶回物品的機會。

☑水壺
☑鉛筆盒
☑餐袋
☑外套

阿鎧老師重點叮嚀！

　　家長或老師交代事情要有重點及步驟，例如只對孩子說，把該帶的東西要帶回家，這樣是沒意義的，因為孩子無法察覺該帶的東西全部有哪些，而最好是明確的告訴他，今天手上有二個袋子，你回家時手上要有二個袋子，或是你昨天忘了的水壺，今天一定要檢查水壺帶了沒。

說起整理書包，很多家長一定會注意到有些孩子也不太會整理自己的書桌櫃子或是學校抽屜。這也是孩子應該要學會的收納學問，因為這些也是整理物品的練習，如果沒有學會整理抽屜，除了會有髒亂的問題，例如衛生紙、沒吃完的食物都塞在抽屜，還會有找不到東西的困擾。

先練習整理家中櫃子

媽媽可以先讓孩子從比較簡單擺設的櫃子開始整理，例如整理鞋櫃，請孩子將鞋子依種類或高低將鞋子仔細安排擺放；整理小書櫃，請孩子從高到矮將書本排列整齊。之後再增加難度，例如整理衣櫃或家中的雜物櫃，讓孩子學習要將不相關的物品拿出來另外擺放，同時要有空間規劃能力才能善用櫃子的空間。

垃圾及食物每天都要清理

提醒孩子只要是垃圾就要隨手丟到垃圾筒，不要塞進抽屜或是衣服口袋，如果是沒吃完的食物，當天一定要帶回家處理，要隨時保持抽屜整潔，也可以建議孩子每天用抹布擦一次桌面，這樣也能提醒孩子要整理桌面。

學校物品可以有固定的位置

可以建議孩子固定將課本放在抽屜的某一邊，然後另一邊則是固定放作業本及考卷，不穿的外套排在椅背上或收進提袋中，如果有比較多的小物品，可以準備一個小盒子把橡皮擦、立可帶、小夾子都放在小盒子中，讓物品都有固定的擺放位置，這樣就會產生收納的邏輯，整理書包或物品時也會比較懂得技巧。

聽懂老師指令，排隊、做事、守規矩

　　小一是團體生活，在團體中有太多事要依照順序去做，然後要學會輪流等等。老師在面對二、三十個小朋友的時候，較無法完全面面俱到，一一各別提醒，所以，如果小朋友可以具備足夠的專注力，而且習慣聽從老師的指令，做對老師要求的事，相信小朋友會更有自信心，也不會讓造成老師教學上的困擾。

　　所以，我們也分別就排隊、做事、守規矩給家長一些建議。

⭐ 用遊戲的方式訓練小朋友聽指令

　　我們在上小一之前就要先教小朋友學會聽指令，而且是馬上去做，這樣上小一才會了解老師下指令之後要做的動作。一開始可以先從「好玩、沒有道理、特殊」的指令開始，例如吃飯前要拍一下椅子，這樣的指令感覺很奇怪，孩子就會用玩的心態去聽大人說話。

　　然後再繼續增加指令的複雜度，例如拍一下椅子然後吃飯，吃完飯還要再把椅子靠好，讓小朋友習慣聽大人的指令去做連串的事；中間可以穿插比較奇特的一件事，讓小朋友覺得聽指令很有趣。將來上學後，如果老師說到指令，孩子就會仔細去聆聽，然後快速去執行。

⭐ 指令要簡單明確並從簡單到複雜

　　家長平時對小朋友下指令要記得不要用攏統的詞彙，例如把玩具拿去放、把桌子整理好。最好是明確一點的說；把這幾個玩具放到玩具箱裡，再把玩具箱蓋好推回固定的角落、把桌子上的碗拿去水槽，然後用抹布把桌子擦一次，擦完的抹布放回廚房。這樣說話的好處是，讓孩子知道家長要求做的是什麼事，要做到什麼步驟，將來孩子也比較能掌握老師說的指令不是只有單一件事，會是一件從頭到尾完整的事。

　　如果孩子學會了多層次的指令，將來上學時如果老師說到把國語課本和鉛筆盒收起來，再把昨天的考卷拿出來，這樣小朋友才有辦法一次聽懂多個指令，然後準確的執行。

⭐ 平常生活就要學排隊

　　日常生活中其實就有很多排隊的機會，例如超商買東西結帳、公園玩溜滑梯、捷運排隊等車，家長隨時都可以機會教育讓小朋友知道排隊的概念。此外，要提醒小朋友排隊時要有耐心，要留意何時輪到自己，不可以中途就跑掉或是打打鬧鬧影響前後的人。

　　將來上學時就可以提醒小朋友，當老師說要排隊時就要趕快站起來，如果有要帶的東西也要拿好，然後去站在老師規定的位置，而且不可以中途又跑去做別的事。

✪ 在家就要常常做事

很多孩子在家的時候，大概只負責玩、吃東西、睡覺，很多家庭中的事情都可能完全沒有參與，可是上小一之後，班級中有很多的事是需要孩子去做的，例如掃除時間、排課桌椅、幫老師發東西等等，如果孩子很少練習做事，上學之後就會顯得手腳很笨拙，甚至常常需要同學的幫忙，才能把事情做好。

所以，要依孩子的能力在日常生活中讓孩子多做事，例如每天讓孩子做一件家事，掃地板、排鞋子、倒垃圾、收碗筷等等，然後有特殊的機會也要安排孩子成為小幫手，例如幫父母提東西、招待家中的客人等等，孩子有越多的生活經驗，上學之後就越會舉一反三完成老師交代的事。

✪ 學校教育從家庭教育出發

如果一個孩子在家中經常是想做什麼就做什麼，父母說的話經常是有聽沒有進，那麼上學之後就會產生很大的適應困難，因為孩子對於遵守秩序及規則就會顯得沒有耐心，如果又常受到老師的指責，也可能變得叛逆或是退縮。

所以，幼兒園階段許多該要求的常規就要及早建立，例如在公共場所不可以大聲說話或奔跑，如果沒有聽從父母的要求就要給予一些權利的取消，讓孩子能夠遵守基本的禮儀及規範，這樣上小學之後，很快就能配合老師的要求，成為守規則的孩子。

✪ 教導孩子尊重及配合老師

多數小一生的老師都很有耐心及經驗，他們會了解剛上小一的小朋友難免有一些脫序或是不懂規則的狀況，而通常老師也會事先說明規則，如果多次犯錯老師也可能會給予一些小處罰。

家長應該要配合老師，告訴孩子要改正自己的錯誤，而且要聽從老師的話，如果有不了解的地方，就要有禮貌的請教老師或同學，而不是陪孩子一起找藉口，因為親師關係保持良好，孩子適應學校的速度會更快，老師也會願意多花一些時間來幫助小朋友。

阿鎧老師重點叮嚀！

當孩子不守規矩時，父母不要只用命令、威脅方式，尤其是用做不到的方式來威脅孩子，例如把你趕出去、把東西丟掉之類，因為孩子久了會發現父母只是說說而已。所以，最好是和孩子一起訂出合理規則，例如他如果沒遵守，我們就怎麼做，並且之後一定要確實執行，這樣孩子就會尊重事先說好的條件，也會學習遵守規則，否則就會得到懲罰。

同儕相處的技巧，避免霸凌、不合群

　　如果已經有上過幼兒園或是家中有兄弟姐妹相處的小一生，在同儕相處上通常適應會比較快一些，不過，現在很多家庭都只有一個小孩，經常會以為他自己就是世界的中心，所以進入團體環境中，剛開始會需要有調適期。

　　另外，每個孩子個性不同，外向型的小朋友很快就能交往認識新朋友，而內向型的小朋友，可能需要一段時間才能找到合得來的朋友，家長不需要一開學就很擔心，畢竟這是每個孩子需要學習的課題。

　　不過，我們還是可以有一些方法，來幫助孩子避免霸凌及改善不合群或交不到朋友的困擾。

 ## 如何避免孩子在學校被霸凌？

⭐ 了解孩子和他人有衝突的原因

　　出現霸凌事件，通常就是孩子之間出現衝突，有些性格比較強勢的小朋友有可能出手或出口傷人，但要先回歸到源頭來了解事件的原因，因為也有可能只是單純玩遊戲的輸贏導致孩子的吵架，這

種不是刻意有霸凌他人的狀況，家長只需要理性的請老師處理或是安撫孩子的感受，通常不會產生太大的傷害。但如果有孩子純粹只是因為不喜歡某個人就欺負人或是想要強取孩子的物品，這種時候就要告訴孩子不能妥協，需依狀況進行後續的處理。

✪ 必要的自我防衛

如果您的孩子遇上了沒有理由就欺負或打他的人，你應該告訴孩子可以進行有必要的自我防衛，先從理性的語言做溝通，例如對打人的同學說：「我不喜歡你打我或作弄我，如果你再打我，我就要告訴老師或是等下放學告訴我媽媽或是我就要打回去喔！」有些時候透過直接明確的表達意見，霸凌同學的人就會知道別人不喜歡他這樣的行為，而有所改變。

如果君子動口效果不理想，必要時可以告訴孩子你就還手或是馬上離開去告訴老師，因為要讓孩子知道保護自己的方式，要讓孩子知道不需要畏懼霸凌，如果孩子沒有建立必要的自我防衛，只是一再委屈忍受，將來有可能成為退縮、沒有自信心的人。

阿鎧老師重點叮嚀！

家長也要留意您的孩子會不會是霸凌他人的人，有的孩子從小被全家捧在手心上，上學之後只要有人不順他的心意或是不願意與他玩耍，他就打人或罵人，這時候一定要正視問題，及早找出方法來矯正孩子和別人的相處行為，而最根本之道就是從家中出發，從小就不可以凡事讓孩子予取予求，而且要嚴肅告訴孩子不可以因為生氣就打人或罵人。

✪ 請求老師的協助

比較外向的孩子如果遇上霸凌，通常不用家長教導，他多半就會選擇報告老師，目前校園也經常會宣導不可霸凌他人，所以，老師多半也會了解事情的原由，然後主動做一些協調及糾正。

如果是比較內向的孩子，他可能是回家之後才默默的告訴家長，如果家長發現這並不是偶發的事件或是感覺上狀況有些嚴重，那麼最好直接先和老師連繫，再詢問老師怎麼處理比較好，家長不要一開始就立即跑去找霸凌孩子的同學，因為家長如果沒有弄清事情，有時反而演變成二個家長的紛爭，這樣不見得是處理事情的最好方式。

✪ 給予同理心及支持

不是每一個事情都能有圓滿的處理，所以，家長最好是以同理心去了解孩子內心的感受，同時也鼓勵孩子要有自信心，告訴他不要因為別人的不好行為就難過或生氣，我們一起花一些時間來改變同學，或是選擇避免和這個同學一起遊戲或做活動，如果孩子獲得了父母及老師的支持就會展現自信，就不容易成為被霸凌的對象。

 如何改善孩子不合群？

✪ 了解孩子的性格

每個孩子個性不同，有些孩子原來就比較內向，沒辦法一到新環境就立即主動和別人做朋友，可以先避免提及孩子不合群的事情，只要先讓孩子覺得上小一是非常新鮮有趣的事。

✪ 讓孩子提早習慣等待及輪流

孩子上學之後會出現不合群的狀況，多半是因為在之前沒有學會等待及輪流的概念，這樣的孩子通常也比較以自我為中心，他會沒有耐心等待別人，或是不懂得如何配合他人一起來完成事情或一起遊戲。

　　所以，請家長盡量讓孩子在上小一之前就要知道等待的感覺，例如父母在說話孩子跑進來打斷，就要告訴孩子：「請你等一下，爸爸媽媽有事情討論，十分鐘後再請你說話好嗎？」經常性的利用機會教育讓孩子知道要等待、要配合他人，慢慢地孩子就會了解事情有先後順序，而能適應校園團體的環境。

延伸討論　如何幫助孩子更容易交到朋友？

教導孩子如何結交朋友

　　交朋友是有技巧的，例如爸媽可以建議小朋友上學的時候，先問問座位旁邊的小朋友叫什麼名字，然後問小朋友喜歡玩什麼遊戲，有了開口的交流，小朋友很快就會相互認識。而且鼓勵孩子跟著好朋友一起加入其他的團隊遊戲，慢慢地有了一、二個比較熟識的朋友，就不需要擔心孩子不合群的問題，因為不是每個孩子都有辦法和全班的小朋友玩在一塊。

父母本身也是榜樣

　　現在父母生活忙碌，也許日常生活中少和朋友或親友往來，這對孩子來說，他就缺少了觀察父母如何交朋友的生活印象，所以，父母不妨偶爾帶孩子和有孩子的親友吃吃飯或一同出遊，讓孩子有機會接觸新朋友，然後嘗試與別的孩子從陌生的關係進展到可以一起遊戲，這對孩子也是一種人際交往的訓練，之後進入校園時，孩子就比較敢於和老師說話，和別的小朋友對話。

成績表現及寫字能力該達到什麼程度？

　　孩子進入小一就會面臨有考試的成績或是作業的分數的評比，家長看見了分數或甲、乙、丙等評分，就不免會注意孩子是幾分或是表現到底如何，如果成績良好，家長通常就放心許多，表示孩子跟得上學校的學習，但如果成績不理想，尤其是經常出現不及格的分數，那家長勢必會感到緊張，會擔心是學校教得太難，還是孩子的學習力不佳，也會想要找出方法來改善孩子的成績。

★ 先了解孩子上學前具備的能力

　　每個孩子在幼兒園階段受到的教導及練習不太相同，加上孩子在學習領悟上也有各別的差異性，如果孩子成績很好，例如各科都有 80、90 分以上的水準，這時家長可以思考是不是他在幼兒園已經打下了基礎，所以，小一的課程對孩子來說並不會很困難。反過來看，如果一個孩子在前面的階段並沒有正式學習過注音符號或是數學或是還沒適應專心上課的方式，那在剛上小一時可能成績會比較差，但並不表示孩子的程度是比較差的，差別是在於上小學時的起跑點不太相同。

★ 讓孩子逐步適應學習

　　所以，建議家長不要被分數嚇到，急著要幫孩子找安親班，而應去了解孩子的成績反應出的問題，例如還沒辦法專心聽講 40 分，

163

有些課程跟不上進度，不了解考試的技巧等等，幫孩子找出學習上的問題，然後再配合老師引導孩子做調整，通常下學期之後，如果沒有特殊學習困擾的孩子，慢慢地就會趕上其他同學的進度。

✪ 符合合理的成績表現

雖然成績不是評斷孩子表現的準則，但通常還是會希望孩子至少可以達到 60 分以上的成績，表示孩子對於學習有 6、7 成的了解。如果孩子經過一段時間的學習及調整，多數成績還是跟不上進度，家長還是需要和老師討論看看是什麼地方出了問題？如果孩子明確有學習上的困擾，例如無法集中注意力、無法寫出多數教過的注音或國字、無法聽懂老師說的指令，那麼家長就應該尋求專業人士的協助，例如進行過動諮詢，或是詢問小兒科醫師及復健科醫師的意見。

✪ 家長陪伴孩子適應學習

如果經過老師觀察以及醫師的評估後，認為孩子並沒有發展上的異常，只是課業跟不上，學習成績很差，這時候或許家長就要額外找出時間為孩子做課業的預習及複習。因為如果孩子對於學習失去信心，很多方面也可能會顯得沒自信，所以，家長最好能多花一些時間陪伴孩子做課業學習，只要基礎漸漸改善，成績就會慢慢進步，但有些時候家長也必須放寬尺度，應該在意的是孩子的學習態度及過程，而不是只看最後的成績，因為不是每個孩子都能夠達到 90 分以上的表現。

小一應該具備的寫字能力

如果孩子有讀過幼兒園，或是家長有給予適當的教導，通常在上小一前，已具備接近以下的基礎能力：

- 能夠用清楚的語句言表達意見、想法
- 能用句子或簡單形容詞來描述事情或某個物品
- 能認出簡單比畫的國字（大、中、小、好、白）或是自己的名字
- 能認識基本的注音符號
- 能從 1 數到 20 ～ 100(依孩子練習的狀況而定)
- 能分辨基本圓形、三角形、正方形、長方形
- 能了解時間，懂整點的時間，例如中午 12 點、下午 3 點
- 能拿鉛筆寫簡單的字或塗鴉
- 如有練習過已能寫自己的名字
- 能分辨基本的顏色，例如黑白紅黃等
- 能說出日常生活用品的名稱，例如：筆、傘、桌子、垃圾桶等
- 能分辨上下左右的空間位置
- 能畫出直線、橫線、圓形、三角形、正方形、黑點等線條

✪ 寫字之前要先能夠運筆

因為每個孩子的起跑點不同,所以,在小一階段的寫字能力也會因人而異,可能有些小朋友已經可以寫筆畫簡單的國字,有些小朋友只會塗鴉或畫線條,不過,通常在上小一時已能夠具備基本熟練的運筆能力,也就是可以良好的握住筆畫出或寫出想寫的內容,當然一開始可能是想的和寫的(畫的)不太一樣,但是經過多次練習嘗試之後,手眼協調力會越來越好,運筆的流暢性也會越來越好。

✪ 先求寫對再進階到整齊

面對學校的課業或考試的書寫時,先求順暢寫對字,之後才要求孩子再寫整齊一些,或是大小字體盡量一致,因為如果為了寫整齊結果速度非常慢,那麼可能每天作業都要寫很久,或是考試時考卷會寫不完,這樣反而會讓學習產生比較大的挫折,所以,家長可以先期待孩子把作業寫正確,之後再要求寫整齊及保持乾淨。

✪ 經過練習後能夠抄寫連絡簿

抄寫連絡簿對小一生是每日都要做的事,前面已有介紹如何讓小朋友更快速及準確的抄寫好連絡簿,這也是小一生開學一段時間後就必須具備的寫字能力,所以,家長也能留意孩子是否了具備準確抄寫連絡簿的能力。

　　如果家長發現孩子即使經過練習，卻還是沒辦法理想的運筆，例如：

・再簡單的筆畫寫出來永遠都是歪七扭八。
・記不住簡單的注音符號或國字寫法。
・非常頻繁寫出左右顛倒或筆畫錯誤的字，即使大人給予糾正還是改不了。
・寫沒有多少字就喊手酸，沒辦法做好基本的抄寫等等。

　　如果有這些狀況時，也要考慮孩子是不是有學習障礙的可能，必要時應請小兒科醫師或職能治療師給予評估及協助。

上課動來動去又愛說話，是過動嗎？

因為上了小一之後，孩子需要面對的規則及限制變多了，不是每一個孩子都可以立即進入狀況，所以，有些孩子可能會出現上課忍不住說話，或坐在椅子上像毛毛蟲一樣動來動去，或是不小心就離開座位去拿看到的物品。

不過，並不是有這些狀況的孩子就是過動兒，因為他們也可能只是還無法立即適應小學校園的規範，或是有些孩子只是比較活潑好動，並不是過動喔！

☆ 過動應從三方面檢視

「過動兒」的正確說法是「注意力缺損過動症候群」（Attention Deficit／Hyperactive Disorder, ADHD），有過動的小朋友通常在學齡前就已經可以察覺出症狀，只是，不是所有的家長都了解相關的知識，也有可能被忽略掉，而在診斷上可分為三個方面：

一、注意力不良

- 經常無法密切注意細節，或在學校作業、工作、或其他活動上經常粗心犯錯。
- 在工作或遊戲活動時經常有困難維持注意力。
- 經常看起來不專心聽別人正對他說的話。
- 經常不能照指示把事情做完，並且不能完成學校作業、家庭零工、或工作場所的職責（並非由於對立行為或不了解指示）。
- 經常有困難規劃工作及活動。
- 經常逃避、不喜歡、或排斥參予需要全神貫注的任務（如學校作業或家庭作業）。
- 經常遺失工作或活動必備之物（如玩具、作業簿、鉛筆）。
- 經常容易受外界刺激影響而分心。
- 在日常生活經常遺忘事物。

二、過動

- 經常手忙腳亂或坐時扭動不安。
- 在課堂或其他需要好好坐在座位上的場合，時常離開座位。
- 在不適當的場合經常過度地四處奔跑或攀爬。
- 經常有困難安靜地遊玩或從事休閒活動。
- 經常處於活躍狀態，像馬達一般不停轉動。
- 經常說話過多。

三、易衝動

📖 經常在問題未説完時即搶答答案。

📖 需輪流時經常有困難等待。

📖 經常打斷或侵擾別人（如打斷他人談話或遊戲）。

　　如果孩子超過六個月的時間，有出現六項以上的症狀，可以和老師或醫師討論，是否需要進行過動兒的診斷與鑑定。家長不要自行判斷孩子愛説話、愛動就是過動兒，但是如果孩子已經長時間都因為分心、過動或是衝動問題而出現學習及人際相處的困擾，那麼還是要積極尋求幫助。

⭐ 過動可能造成的學習困擾

　　如果孩子確實有過動的問題，那麼因為注意力不集中，所以，經常會無法專注上課，或是仔細聽從老師的指令，也可能和同學相處時沒辦法流暢進行遊戲而被排擠。另外，有些孩子具有衝動性，他可能會在課堂上不停發言，干擾老師上課的秩序，也可能無法好好的排隊進行團體遊戲或活動，會讓人覺得是個不守規則或不懂禮貌的孩子。

　　如果孩子沒有被正確的引導，會造成低學習成就或學習障礙，也有許多家庭會因為孩子的教養而起衝突，導致親子問題或是親師問題。

✪ 如何幫助有過動問題的孩子

　　請先依照醫師的評估再決定治療的方式，除了透過藥物及心理治療外，孩子也需要配合行為治療，如果家長對於用藥是有擔憂的，也可以和心智科醫師討論用藥的利與弊，再從中找出最合適，家長也能接受的方式。在日常生活中，建議爸媽和孩子的溝通可以參考以下的技巧。

1 給予孩子的指令要清楚簡潔。

2 避免使用否定的語句。

3 與孩子說話時需清楚、安靜並且緩慢。

4 與孩子說話時，盡量與孩子有目光上的接觸。

5 讚賞多於懲罰。

6 孩子做活動或是寫功課的環境需單純、整齊、乾淨，避免不必要的刺激。

7 可與孩子共同訂定生活公約及生活功課表。

8 定時給予孩子發洩精力的機會。

孩子只是好動不是過動

如果孩子只是活潑、好動，並不是過動，可是對家長來說，即使只是好動仍會是困擾。因為家長會希望孩子是宜靜宜動，該動的時候動，但該安靜的時間還是可以乖乖坐好。

所以，最好的方式是讓好動的小孩，有足夠的時間及場合讓他先動夠了，再來要求孩子靜下來。

現在生活空間很狹小

以前的小孩生活空間很大，放了學就可以在住家附近玩沙、奔跑、或是爬爬樹，等孩子動得夠了，回家之後可能就可以靜下來做功課，不過，現在的孩子多數都是小空間對小空間的移動，從教室移到安親班再移到家中，如果好動的孩子一天之中都沒有機會跑跑跳跳，他就會有過多的精力無法釋放。

找機會讓孩子先動個夠

如果您的孩子非常好動，家長是不是可以利用上學前，先和孩子在校園操場走幾圈，或是如果住家離學校不會太遠就直接走路去上學，每天放學回家了，也找時間安排去公園溜溜滑梯、盪鞦韆，讓孩子有機會可以活動四肢，到了假日再帶孩子去游泳或學直排輪，也是不錯的安排。

和孩子討論一些規範

除了滿足孩子動的需要外，也要和孩子建立安靜的規範，例如請孩子上課時要先做到不可以離開教室或是不可以上課時和同學說話，如果有做到家長可以給他一個獎勵，慢慢地利用獎賞的方式讓孩子了解上課的規則。

左撇子該不該改回右撇子？！

　　不管是左撇子或是右撇子都是正常的人，在智商或其他方面都不會因為左撇子或是右撇子而有差異，只是大多數的人（9成）都是右撇子，所以，左撇子會被看為比較奇特或不一樣的人，但這純粹只是慣用手的不同，發展上並不會有什麼不同。

　　不過因為多數人是右撇子，所以，左撇子和同學吃飯或寫字時，可能會出現左右手「打架」的情況，這時候只要坐開一些即可，如果是想要學習書法時，左撇子比較沒辦法寫出標準的書法筆順，但寫硬筆字困擾會比較少，只是看起來握筆姿勢比較奇怪。

 左撇子也是正常的現象

　　因為現在的科學已經了解左撇子也是正常的現象，而且左撇子和遺傳有關係，所以，家長比較不會像過去年代的家長，會強迫孩子吃飯及寫字改用右手，因為對左撇子的小朋友來説，改變天生的慣用手不是不可能，但是會違反他先天的大腦構造，就像強迫右撇子一定要用左手一樣不自然及難調適。

　　如果沒有一個必要改的原因，那就順其自然就好，因為這就是左撇子小朋友大腦最自然的分工方式，他的大腦就是將慣用手分配

在左手的位置，所以，孩子是左撇子就當左撇子吧！左手一樣可以把字寫對、寫整齊，一樣可以準確拿起零食來吃。

 非要孩子改變可能造成的影響

但是有些家長或是家中的長輩可能還是會想要把孩子的慣用手從左手改到右手，這時候產生的影響就是原本左撇子的右腦有一個區域是負責協調左手的靈活性，但是現在被冷落了，但是左腦卻是沒有這個區域的，所以，等於這個孩子要把左腦多空出一些位置來訓練右手的靈活性，這可能造成短時間左右腦的功能混亂，同時讓孩子的語言區受到影響，可能會有口吃、閱讀不順、口齒不清的狀況發生。

不過，大腦具有整合協調的能力，所以，這些失調混淆狀態通常只是短時間的影響，一段時間適應後，大腦就會漸漸習慣。

問題 ▶ 常聽人家說左撇子比較聰明是真的嗎？

阿鎧老師怎麼說

其實不管是左撇子還是右撇子聰明的比例都是一樣的，只是因為比較聰明的人如果他是右撇子，就不會特別被強調，而如果是一個左撇子，可能就有人會說：「他很聰明而且還是個左撇子。」因為左撇子具有特殊性所以會被強調，而產生了左撇子好像比較聰明的說法，但仔細一想難道右撇子聰明的人會少嗎？

問題 **如果想要孩子改成右手寫字該怎麼教？**

阿鎧老師怎麼說

如果要改最好是在 2 歲左右就準備改，通常孩子大概在 1 歲左右，家長就會發現他已經蠻明顯出現慣用手，例如很明顯習慣用左手去撥弄玩具，或是用左手去拉東西，這樣就會知道孩子應該是左撇子。那麼等 2 歲左右開始接觸紙筆以及準備自己吃飯時，就盡量每次都幫小朋友把筆或湯匙放在右手，其他的事情則不需要刻意去讓他換手，讓小朋友漸漸習慣筆及湯匙是拿在右手。但在改變的過程需要時間及耐心，家長不要因為小朋友沒有做好就對他發脾氣，右撇子的大人自己試著用左手吃飯就知道有多麼不習慣了。

問題 **很多工具都只有設計給右撇子使用？**

阿鎧老師怎麼說

畢竟大多數的人是右撇子，所以，像是剪刀、牙刷、開罐器、削鉛筆機等主要還是設計給右撇子使用，不過，別擔心現在還是找得到左手專用的用品，而且很多左撇子小朋友個性也會比較外向，因為他們會習慣開口找同學幫忙用剪刀剪一下東西，而同學也會覺得左撇子很有趣而願意幫忙。

問題 ▶ 左撇子寫字字會顛倒嗎？

阿鎧老師怎麼說

　　中國字的筆順簡單來說就是由內而外、由上而下，所以，如果是右撇子筆順上就會很流暢，但是不表示左撇子就沒有辦法由內而外、由上而下來書寫文字。只要孩子對字的外形認知沒有問題，僅是書寫時筆順看起來是反過來的，但還是可以寫出正確的文字，至於字的美醜關鍵還是在於小肌肉的發展及練習，很多左撇子的人長大之後還是可以寫出好看的字。

問題 ▶ 左撇子在許多運動場上是佔優勢的？

阿鎧老師怎麼說

　　很多的運動項目例如棒球、網球，左撇子球員是非常特殊且佔優勢的選手。以棒球來說，左打者站立的方向更靠近一壘，而且揮棒之後可以順著身體的方向跑向一壘，這也是為什麼很多球隊會希望找到特殊的左投及左打者；而網球場上亦是，左手網球員的球路不同於常見的右手球員，所以，遇上左手網球員就要更費心思去熟悉球路，所以，如果您的孩子剛好是一個擅長運動的左撇子，那他就會是特殊性的選手。

PART 4

阿鎧老師寫字
Q & A

Q1 孩子小班就自己拿筆寫字了，
需要阻止他，還是準備紙張讓他練習？

不需要阻止他，因為阻止他會扼殺孩子的興趣，當他出現動機想寫字，大人卻叫他不可以寫，他可能就會退縮或覺得這是大人不喜歡他做的事，這時候只要順其自然給孩子紙筆或是給他畫板，讓他自由寫他想寫或畫的內容，然後不管孩子寫什麼或畫什麼都稱讚他，讓他覺得寫字很好玩。

但不要覺得孩子這麼小就愛寫字，要好好的訓練，畢竟小班的小朋友還沒有很好的握筆能力，他可能只是想要像大哥哥、大姐姐那樣假裝寫字，但他並沒有能力真正去寫出標準的字，所以，大人也不要著急每天準備紙筆要孩子畫圈畫線，或是急於教孩子寫字，因為這樣也會讓孩子討厭寫字這件事。

Q2 小一很多老師會快速教注音，
是不是該讓孩子上學前就學會讀寫注音符號？

小一學注音是必定的過程，有些老師會教得比較快，有些老師會慢慢教，不管進度如何爸媽就是鼓勵小朋友學注音，老師教得快，家長在家裡就多複習，老師教得慢，家長還是要注意孩子學得好不好。然後要放寬一些要求，例如像是捲舌音、相近音，小朋友可能會弄太不清楚、常寫錯，這是很正常的，只要遇上時再提醒一次就好，將來再大一些孩子就會有能力快速分辨對錯。

如果您的孩子目前是大班年紀，那麼也可以準備學注音了，不需要提早到小班或中班就急著學，大班是運筆及學習比較成熟的年紀，這時候來學習注音是可以的，但是一樣要記得讓孩子在快樂中學習。

Q3　**孩子喜歡趴在地上畫畫寫字，我需要要求他固定坐書桌嗎？**

　　趴在地上畫畫、寫字比較要注意的是光線問題，幫他準備一個可移動的小檯燈，讓孩子在明亮的環境中看書、畫畫、寫字，不需要隨時隨地都要求孩子要用端正姿勢寫字，因為有時候孩子只是覺得這樣趴著很方便，孩子也不會一趴就幾個小時，因為趴了一會還是會累，而趴著可以訓練近端關節（頭頸、肩、肘）的穩定度，某個角度來看也是有好處。

　　但如果孩子是每次寫字都要趴著才寫得好，這時候就要考慮是不是大肌肉發展不夠好，或是近端關節控制力不夠好，才會讓他每次都選擇趴著寫。

　　不過，整體來說，孩子中班或大班之後，最好就為他準備一張適合身高的桌椅，因為習慣是慢慢養成的，讓他有機會在日常中習慣用正確姿勢寫字或畫畫還是比較好。

Q4 孩子經常寫出來的字都是相反，為什麼會這樣，我該糾正他嗎？

孩子學習字的過程中，文字一開始對他來說是圖畫，所以，他不會立即發現有些部首要在左邊有些要在右邊，因為如果以圖像來看，寫相反的字好像也長得差不多，不過，這時候家長可以請小朋友找找看，哪裡不太一樣，有點像是玩找碴的遊戲，慢慢地讓孩子發現原來這個部首要放在右邊才對，來回幾次學習，孩子慢慢就會記住字準確的樣子。

而且中國文字很有趣，有些字是象形、有些是形聲等等，我們也是一點一滴才建立出對某個字的認知，不過，如果發現孩子寫錯字還是要告訴他，讓他改正，否則如果長期左右不分或是老是多一筆、少一畫，等習慣之後再要求孩子去改變就會比較困難。

Q5 想糾正孩子握筆姿勢，使用握筆器有用嗎？

握筆器的種類很多，家長可以先考慮一下使用握筆器的目的是什麼，例如有些孩子三點就是抓不對，沒辦法很好的運筆，這時就可以用握筆器讓孩子習慣三點擺放的位置，一段時間之後還是要拿下握筆器，因為我們不太可能永久都讓孩子只拿有握筆器的筆。

再來有些孩子並不是點抓不對，而是食指總是太用力造成食指酸痛，這時候可能就要找可以撐開食指的握筆器，必要時也可以用紙黏土塑造一個專屬孩子手指型的握筆器。但要記得握筆器只是讓孩子寫字順利，並不是讓孩子小肌肉更有力量或是用了握筆器就一定能寫出更美的字。

Q6 小孩寫字常太用力導致手酸，無法持久，如何協助改善？

其實很多孩子不是太用力而手酸，多數的孩子是肌肉張力偏低，寫字寫 10 分鐘就手酸了，而需要甩手或是不想寫了。

所以，可以利用寒暑假，課業不忙的時間，經常性訓練孩子的小肌肉能力，建議去五金行買一些螺絲、螺帽，讓孩子當成遊戲來練習，選擇需要稍微用力轉的螺絲、螺帽組合，讓孩子用手指轉進轉出，或是自由鎖出一些創意造型，這對幼兒園大班或是小一的小朋友都是很合適的遊戲，會比一般塑膠玩具更能訓練小朋友的小肌肉。

不過，不要在孩子平時功課多或考試前才練小肌肉力，因為練完 10 分鐘小孩就手酸，更別說要把今天的功課寫完。

Q7 太早寫字導致孩子的手指出現繭，需要糾正嗎？

長繭是因為經常的摩擦及用力，所以，問題是出在握筆姿勢錯誤或是用力不當，如果孩子是因為使用過度，例如有的孩子一畫畫或寫字就 1 小時，那麼就要幫他控制一下時間，寫個 30 分就起來動動手指，伸展一下肢體，讓手指關節及皮膚都可以休息，這樣就不容易長繭。

而不需要強迫孩子不要再拿筆寫字，因為如果是孩子主動願意寫字，就順應他的喜好，為他安排休息時間或是為他準備不同的用

181

具，教他改變手用力的姿勢，去除長繭原因就好，不需要反對孩子寫字或畫畫。

Q8 抄寫聯絡本或功課時經常會跳行或漏行是怎麼回事？

孩子經常沒有用心去唸課文或是抄寫聯絡本，純粹只是「寫了就算」、「唸過就算」，因為孩子沒有專注去做這件事，有時候跳行或漏行了，他自己根本也沒有察覺。

可以要求這樣的小朋友，抄寫連絡本時，先小聲把黑板上的小點唸一次做思考再抄下來，因為有用心思考就不容易抄完第一點，就跳去第三點。唸課文時也可以要求小朋友一邊用食指或是筆，指著課文一行一行的唸下去，因為會注意手指頭有沒有照順序指完，就不容易跳行或漏行唸，等日後很少犯漏行的錯誤時，或是孩子覺得用手指指速度太慢了，就可以不用再一行一行指，這時自然會有專注力提醒他順暢地從頭唸到尾，再唸到隔壁行。

Q9 寫功課時老是把字寫出格子外怎麼辦？

如果孩子的視知覺比較弱，有可能一不小心就把字寫出格子外，所以，家長可以先找一張有點厚度的名片，然後把名片中央裁出一個如同作業本格子的大小，讓孩子壓在作業本格子的上方，因為有邊框的限制，孩子筆碰到邊就知道要停下來，幾次練習之後，就會增加觸覺及本體覺的訓練，慢慢感受如何控制手的力量，不會一下子就把字寫出格子外。

而且有邊框限制孩子會比較謹慎，他會知道如果把字畫太長，就會畫到名片上，慢慢修正之後，不需要再用名片，孩子字體大小就會比較得宜。

Q10　小孩寫字忽大忽小、歪七扭八怎麼辦？

　　通常孩子如果為了趕快把作業寫完，就不會有耐心去注意寫大寫小，可能是筆畫多的字就寫很大，筆畫少的字就隨意撇幾筆，急就章看起來就是忽大忽小、歪七扭八，所以，要先讓孩子有完成作業的時間要求，例如這半個小時都不能做別的事，就是專心寫作業，孩子就不會想隨便寫一寫然後想去玩。

　　再來是孩子寫完一行字的時候，可以和他討論一下，為什麼有些字很大，有些字很小，有些字是歪一邊的，該怎麼調整會比較好，家長可以示範什麼才是比較大小剛好的字讓孩子參考。

　　但是一開始不要太嚴格要求孩子馬上寫端正，而是給孩子逐步調整的機會，但最終還是希望家長了解文字的目標是可以溝通，有些孩子可能要等再大一點，小肌肉發展得比較好，字才會寫得比較端正，或許小一時可能寫字都是乙，但慢慢地小三、小四就出現甲上了。

Q11 孩子字寫大一點比較好，還是寫小一點比較好？

大一點，小一點都可以，只要不是大到每個字都超出格子，或是小到每個字都看不清楚，因為每個孩子運筆能力都不同，所以，只要是有一致性的大小就是合適的了。

家長要欣賞孩子的獨特性，只要他字寫得正確，有專注力可以專心投入寫字就沒問題了。

小朋友的作業本小一的時候格子會比較大，再來中高年級格子就會變小，然後也會從格子規範再到只有線條規範，這都是在訓練孩子慢慢地控制運筆，讓字可以寫出適宜的大小及整齊性。

Q12 要當橡皮擦媽媽嗎？孩子字寫得不好看，要擦掉讓他再寫過嗎？

孩子字寫得不好看或是寫錯字了是需要擦掉重寫，但是擦的人不要是媽媽，最好是小朋友自己，因為如果是媽媽擦掉，小孩會覺得媽媽很嚴格，或是他也不了解為什麼媽媽認為那個字不好看。媽媽可以和他一起討論什麼是好看或不好看，然後讓孩子選出最不好看的字，因為這樣孩子就會知道什麼字比較不好看，什麼樣的字比較好看。

也最好不要孩子一邊寫媽媽就一邊喊停，應讓孩子寫完一面或一個段落再來討論，因為這樣才不會打斷孩子的專注力，也比較不會讓孩子產生挫折感。

孩子有些字筆順錯誤，但最後字看起來是對的，我要要求他寫對筆順嗎？

只要孩子字是寫對的，小的時候不需要太在意筆順，筆順的目的是讓字寫得比較流暢，而對小一的小朋友來說，先求把字寫出來，寫出對的字。至於筆順則是可以觀察小朋友的流暢性，如果小朋友一樣可以非常流暢就寫出一個字，就沒有規定一定要先寫哪一筆，但如果有些字不照筆順來，容易連錯點或是字會歪掉，就可以示範筆順給小朋友看，讓他試試看這樣寫會不會比較好，且比較不出錯。

Q14　為什麼有些孩子小一注音符號就寫得很端正？字寫漂亮是天份嗎？

天份會讓人想到遺傳，其實字好不好看和父母的關連並不在於遺傳，而應該是環境，如果父親或母親剛好有一位字寫得很漂亮，為孩子示範時也總是寫出很端正的字，孩子慢慢地可能就學會父母寫字的樣子，當然孩子還小是不可能寫出和大人一樣成熟的字型，但是有了比較好的學習目標，孩子的確有可能把字寫得比較整齊。

同時也要思考，這些字寫得好看的孩子是不是耐心比較夠、是不是練習時間比較多、是不是他的小肌肉發展得好，這都可能是影響字寫得端正的因素。

玩遊戲小筆記

PART 5

小一生團體生活
Q & A

Q1 第一週上課怎麼找到、記住教室（放學接送區）的位置？

　　我在諮詢室裡等待個案，突然，一個小男孩衝進諮詢室，看到滿屋的玩具，迫不及待地想要每個都玩過一次，媽媽從後面跟了進來，一聲令下「先去洗手」！孩子默默地放下玩具走出教室，但是過了三分鐘，孩子走了進來，媽媽見孩子雙手是乾的，問他「有沒有洗手？」

　　「我找不到！」孩子低下頭回答，「所以你剛剛都一直站在外面？」媽媽臉色難看地問，孩子點點頭回應。

　　媽媽轉過頭來跟我說，「老師，這就是我今天來找你的原因！你看，廁所明明轉個彎就看到了，我們剛剛經過，我還問他要不要上廁所，結果現在就忘記了！他現在讀的是小學附設幼兒園，上週上課老師發現他沒進教室，只好全校搜尋，最後在小學那邊找到他，他說他找不到教室！雖然他才剛去這個學校一週多，但是這樣也太糟糕了吧！以後上了小學該怎麼辦？」

　　我請媽媽坐下，想像一個情境，「想想看喔！有一家新的賣場，那裡有一間全台唯一的名牌化妝品店，而且正在限量優惠中。你一到賣場，就跟著人群到了專櫃，結完帳後才驚覺，不知道到底自己現在在幾樓？出口在哪裡？」

　　「好像有！我有一次去賣場買東西，買好以後，竟然想不起來我到底把車停在露天停車場，還是地下停車場。是不是類似這樣的狀況？」媽媽說出了自己的經驗。

　　「是的！就是這樣！」我回答。「可是我就會去問人啊！或者去看地圖，不然就會努力回想，可是孩子就這樣一動也不動站在教室外面，這是不是專注力有問題？還是記性不好？」媽媽還是覺得孩子有「問題」！

訓練問題解決能力

「其實不見得是專注力或是記憶力的問題喔！」我先解釋媽媽的疑問。「如果是專注力或是記憶力問題，那麼在生活或學習上也會有狀況，他有這樣的問題嗎？」媽媽聽完搖搖頭。「那麼還有可能是視知覺的問題，我來評估看看！」我請媽媽休息一下，我帶著孩子玩遊戲，同時評估專注力、記憶力，還有視知覺能力。

評估後，孩子並沒有這些問題，「那麼問題就在於『問題解決能力』了！」「什麼意思？」媽媽疑惑地問。

「就像您在賣場找不到出口，會找線索、找人問，但是孩子還不會啊！我們會希望孩子能夠『記得』生活中的各項資訊，但是卻很少告訴孩子『為什麼要記得』及『要怎麼記得』，尤其是到了一個新的環境，像是換新教室、到了新學校，孩子必須要能從校門口走到教室、從教室到廁所，放學還要到校門口安親班的接送點，那麼多需要記憶的地方，對於小學階段的孩子，如果沒有特別的方法或是重複的經驗，想要要求孩子一次就記得，那可能會媽媽大大失望。」

幫助孩子記憶的 4 個方案

「那有什麼方法啊？」媽媽眼睛亮了起來。我給了媽媽四個方法：

1 找特徵

學校裡的教室外可能有洗手台、有高聳的植物等等，這些都是引導孩子找到教室的特徵。記得我小學一年級的教室在圖書館旁邊，而圖書館的最高層是天文館，有圓圓的屋頂，開學那段時間，我一進校門就先抬頭看，只要找到天文館，離教室就不遠了！

2 記標記

學校裡各間教室都會有「門牌」，而且教室也是依照順序排列，這些標記可以幫助孩子找到定點。而校門口各個安親班也會有固定的接送地點，可能在牆上或地上有標記，這也可以讓孩子更容易找到地方。

3 畫路線

對於空間概念比較好的孩子，地圖是個很好的工具，讓孩子看著地圖找到從某教室到某教室的路線，幫助孩子建立更好的方向感，還能輕鬆地記住每個地方的相對位置，在移動上更有效率！

4 找求救

孩子從小被爸爸媽媽帶著到處玩，所以沒有「問路」的經驗。這時可以利用積木做出各種不同建築物，擺在地上建造成城市，請孩子跟爸爸媽媽各拿一個人偶在其中行走，相遇後要彼此詢問自己要去的地方該怎麼走並回答對方，這樣的方式不只孩子練習說話，還能從爸媽身上學到問路的技巧。

我當場帶了孩子做了積木城市，並邀請媽媽一起來跟孩子玩，我還故意問了孩子「我想去廁所，該怎麼走？」結束諮詢後，媽媽讓孩子自己去上廁所，我安排了一位同事在孩子身邊閒晃。小男孩竟然現學現賣地問了我同事該如何去廁所，那時，媽媽露出了笑容。

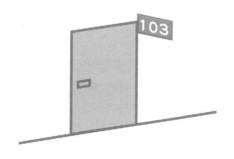

Q2　上課時，不敢表達意見、不敢舉手，怎麼辦？

　　我曾有一段時間迷上測字，印象中有個測字故事是兩個人同時找測字先生，而且都寫了個「一」字，結果一個人命在旦夕（因為「一」是「死」開頭），另一個則是皇帝（因為「一」是「王」的頭）。那時候對於這種同一個徵兆，卻有不同結果的故事感到著迷，後來這樣的情節也發生在我的臨床經驗中。

　　那一天助理安排了兩個諮詢個案，兩個都是剛上小學的孩子。第一個是個小女生，媽媽說她在家特別活潑、愛講話、喜歡唱歌，但是到了學校就很安靜，上課不敢舉手回答問題，跟同學也都不講話，下課就一個人到處走走，或者坐在位子上看書。她該做的事情都能做好，老師要她幫忙收作業簿也能快速完成，但就是很害羞、不說話，媽媽很擔心這會影響她的學習跟人際關係。

　　「這樣的狀況從進小學才開始的嗎？」我問媽媽。「其實從開始讀幼兒園就有這樣的現象，但是這樣很乖啊！而且幼兒園又沒有要求那麼多，所以不覺得有問題！」媽媽想了想後回答我。

　　後來經過進一步的評估，我認為這小女孩的問題應該是「選擇性緘默症」，這需要精神科醫師及心理師進一步的協助。就在跟家長一邊解釋、一邊送他們到門口的過程中，第二個個案已經到了，媽媽也聽到了我們的對話。

給慢熟型的孩子時間適應

　　第二個個案是個小男生，一進諮詢室，媽媽指著小男孩跟我說「老師，我們這傢伙也是上課太安靜，本來覺得很乖，但是老師問問題，即使他知道答案也不舉手回答，會不會也是選擇性緘默症啊？」

191

「跟同學呢？會講話嗎？」我問。「會哦！上課都跟同學竊竊私語，老師叫他起來就悶不吭聲！」媽媽拍拍小男孩的頭回答。

「那就不能算是選擇性緘默症了！」除了跟媽媽解釋，同時也問了更多關於小男孩的狀況，也做了些評估，原來問題出在適應性及自信心。

剛上小學，孩子正在適應新的環境、新的老師同學、新的生活作息，對於「慢熟型」的孩子快則兩週、慢則兩個月以上，才能不感到焦慮、輕鬆自在地互動。在適應期中的孩子，只要確保孩子聽得懂、一對一互動沒有問題就可以了！

另外有一群孩子，總會擔心自己做錯事，他們不見得是怕被大人指責，有時是自我要求過高，所以面對全班同學，他會感到壓力，只要全班有一個人對他的表達內容露出懷疑的眼神，他都會覺得全班都不喜歡他，因此變得不敢舉手，即使被點名回答，也會支支吾吾，音量也會偏低。這類的孩子，要確保他對於上學的動機，免得因為壓力過大，出現排斥上學的現象。

讓孩子上課願意表達的 3 個實作步驟

「那該怎麼讓孩子上課願意表達呢？需要上課嗎？」媽媽希望能夠快點讓孩子能夠融入團體，畢竟孩子將來的社會，「人脈」很重要！

「上課當然好，因為我們可以根據孩子的狀況，適當的安排團體大小及活動內容。除此之外，我會建議分成三步驟進行：

1 第一步

來跟孩子玩「我問你畫」的遊戲吧！媽媽可以問孩子問題，請孩子把答案畫下來，只要孩子願意畫就可以了，不必要求孩子畫得特別好。當孩子畫好以後，請孩子說說畫了什麼、答案是什麼？對

於孩子答案的正確與否先不用過多著墨，而是要對於孩子願意說出答案給予正向鼓勵，因為我們要的是孩子願意表達的信心。

2 第二步

鼓勵孩子偷偷跟同學說。既然孩子上課愛跟同學講話，那就跟同學說答案吧！老師問什麼，就跟同學偷偷講答案，這樣可以請同學幫忙核對答案是否正確。利用這樣的方式，讓孩子在課堂上先「願意說」，而且不論答案是否正確都有幫助！答案對了，幫助孩子更有自信；答案錯了，也可以提升孩子的挫折忍受度。

3 第三步

跟孩子玩「舉手遊戲」，當孩子在家中有所要求時，必須先舉手，等到媽媽允許以後才可以說話。這樣的遊戲模擬課堂情境，想要說話必須舉手，所以稍微可以降低孩子上課竊竊私語的情況，同時我們也幫助孩子將舉手視為理所當然的動作，減少決定要不要舉手時的掙扎。

當孩子不怕回答問題，也不害怕舉手，自然上課表達意見就不成問題！」

「那如果還是不說，怎麼辦？」媽媽進一步問。

「那就順其自然囉！畢竟我們已經知道孩子上課有聽到老師說的內容，並且有吸收與融會貫通就行了！畢竟每個孩子個性不同，不是每個孩子都那麼有表演欲！」我看看小男孩後回答媽媽，因為他整個評估時間，除了問他問題的時間外，他都自己安靜地玩著諮詢室裡的玩具。

Q3 孩子回家抱怨，都沒有朋友，同學都不和他玩，怎麼辦？

在一場關於討論孩子社交能力的座談中，一位媽媽過來問我「孩子剛上小學，下課都沒有朋友一起玩，該怎麼辦？」

「沒有朋友一起玩？這是孩子自己說的？還是老師說的？或者您看到的？」我反問媽媽。「這有關係嗎？」媽媽又把球丟回給我。

「孩子自己表達沒有朋友、老師報告孩子下課都自己一個人，或者媽媽發現放學時孩子獨自走出校門，而其他學生都是三三兩兩結伴走出來，這都是不一樣的狀況喔！」我希望媽媽能夠告訴我實際狀況。

「昨天晚上，孩子在睡前眼睛紅紅的跟我說學校裡很無聊，都沒有人跟他玩！一個小男生耶！下課不就是應該打打鬧鬧，結果我孩子竟然沒有玩伴！」媽媽焦慮地說出困擾。

臨床上常在開學時期接到媽媽反映孩子沒有朋友的訊息，這時候我會先判斷「消息來源」，如果是媽媽看到的，我會先請媽媽不要緊張，畢竟媽媽不是全時段在學校陪孩子，因此我會需要多蒐集孩子平時人際互動的狀況。如果是老師反映，那麼也要評估孩子的狀況，因為我們又不是隨時都要跟別人互動，總是需要有獨處的時間嘛！但是如果是孩子自己反映，那麼我們就要認真看待了！

我請媽媽多說一些孩子的反應，「昨天他跟我說，下課他找同學玩鬼抓人，同學都說不想玩，他就自己回去回到位子上，然後剛剛那些同學竟然自己就在玩鬼抓人！他趕快跑出去要一起玩，結果這些同學還是自己玩自己的，完全不理我小孩！」媽媽有點氣憤地說。「我覺得一定是我孩子沒有禮貌，沒有好好邀請別人一起玩，他平時在家裡就是這樣，很強勢別人要跟他玩，別人不聽他就生氣！」

「所以，您昨晚跟孩子說了什麼？」我很好奇媽媽的處理方法。

「我有好好跟他說，這是他的態度問題，他可以好好問別人，不是強迫別人跟他玩，即使別人不跟他玩，他也不可以生氣！有時候覺得是不是他有情緒的問題？」

「然後呢？孩子有什麼反應？」我繼續引導媽媽。

「然後他就暴哭啊！一直喊著『我沒有！我沒有！』可是他的個性就這樣啊！難怪交不到朋友！」媽媽把孩子交不到朋友的問題下了結論。

「其實您這樣並沒有解決問題，反而是解決『出問題的人』耶！」身為父母，或許覺得自己的經驗比孩子多，加上認為自己了解孩子，所以會直接說出孩子的問題，並且給予孩子最直接的解決方法，如果這時候孩子反駁，我們就會認為孩子在狡辯。這樣的方式反而會造成親子之間更大的隔閡！

引導孩子交朋友的 4 步驟

「那我該怎麼做？」媽媽深呼吸一口氣後問我，加上周圍有其他家長，所以我就一次告訴大家如何引導孩子交朋友的四步驟方法。

1 澄清

當孩子表達沒有人跟他玩、沒有朋友的時候，爸媽別急著給方法、找老師，也別急著買糖果讓孩子帶去學校請同學！我們必須找個舒適的地方，引導孩子說說交不到朋友的 5H。

- **How**：同學是如何地不跟他玩，是看到他就跑開，還是會討論遊戲後卻不跟他玩。

- **When**：什麼時候沒有朋友陪伴？中午吃完飯就邀同學去玩鬼抓人，這麼劇烈的運動，同學拒絕還算合理，如果這時候邀情同學下棋，或許就能成功。

- <u>Where</u>：同學是不是在某些特定地點不跟孩子玩？記得曾經有個孩子特別喜歡在舞蹈教室，邀情同學一起玩捉迷藏，因為她喜歡穿著襪子在木質地板滑動的感覺，問題是舞蹈教室空蕩蕩的，哪有地方可以躲？

- <u>Who</u>：孩子是不是很特定想要跟某人玩、交朋友，但是對方就是不理會孩子？有些孩子會因為某位同學很受歡迎，所以想要跟他交朋友，這樣的執著反而讓孩子更遭挫折，也失去了跟其他人交朋友的機會。

- <u>Why</u>：除了從上面四項可以大約知道孩子沒有朋友的原因，也需要孩子自己想想為什麼同學不跟他玩，因為很多時候只是別人一時無法跟孩子玩，而不是不當朋友，甚至有孩子說「沒有朋友」也只是說說而已，當今天講完了，明天跟同學還是繼續遊戲。

2 討論

我們常會給孩子關於如何交朋友的建議，但是這樣的「建議」在孩子聽起來就像是「指令」，感覺非得照爸媽的方法做才行，這樣很容易變成制式的交朋友方法，顯得很不自然。加上過去爸媽的交朋友經驗，並不見得適合孩子這個世代，所以我們得換個方法。

我喜歡問孩子「那怎麼辦？」讓孩子自己說說解決方法，而我們只要避免過度激烈的答案，例如「他再不跟我玩，我就打他」，這時候就需要好好跟孩子聊了，否則孩子通常能夠說出一些很有創意又有建設性的方法。當然這時候我們也能夠提供建議，可利用「經驗談」的方式來進行，例如「我小時候有個同學都不跟我玩……」，這樣的說法可以給孩子建議，但又不會變成「指令」。

3 嘗試

跟孩子討論出改善方法之後，可以先選一個方法試試，而且必須循序漸進一步一步來，可能是跟同學微笑地打招呼，或者先安靜

地看別人怎麼玩等等，每一天做一點點，並且可以繼續討論進度或是任何狀況，幫助孩子做適度的更改。有時候真的不是孩子的問題，而是每個人希望被對待的方式，或是溝通互動的模式都有所不同，這樣的引導方式，不只讓孩子現在能夠交朋友，也學會將來如何觀察每個人的不同，而用適當的方式互動。

4 稱讚

在孩子每次努力交朋友的過程中，一定會有挫折，這時候需要我們的鼓勵與稱讚。從每次的表現中找出亮點稱讚，並從挫折中給予鼓勵，相信有媽媽的支持，孩子會更願意嘗試交朋友。

「那還有什麼要注意的嗎？」媽媽還是不放心地問。我還是要特別提醒，人雖然是群居的動物，但不代表隨時都要跟人互動，相信大家都也需要有獨處的時候！所以孩子偶爾的自己玩、發呆等等，並不代表孩子不會交朋友、社交技巧不好！媽媽需要再持續觀察才行！

Q4　下課或分組活動時，如何教孩子加入群體？

有一次在某個小學辦完講座後，校長特地邀我參觀一下校園。那時正值上課時間，操場有幾個班級正在上體育課，有的孩子正在打球、有的在跳繩，而球場邊一個小男孩吸引了我的目光。炯炯有神的眼睛，看著班上的同學在彼此丟接球相互傳接著，看起來並不是因為不舒服而沒有參與課程，但是不知道是不喜歡人群，還是不知道怎麼玩遊戲，就一個人靜靜坐在一旁。

校長看出我的疑惑，「那個孩子目前有請輔導老師協助，不過蠻傷腦筋的，他從一年級進來，上課不喜歡跟別人分組，下課只喜歡自己看書，連上廁所都要等到快上課沒有人的時候，才肯去，但是遇到體育課或需要團體活動的時候，他就躲到一邊，不然就是找藉口不參加！」校長一邊說，一邊請人去找輔導老師。

「老師，這個孩子都不跟別人玩！」輔導老師直接點出孩子的困擾，「他媽媽說從幼兒園開始，都是自己玩，也不是自閉，可以跟同學講話，一對一互動也沒有問題，但是只要是一群人，甚至是大家排隊，他都會面露難色。我們試過很多方法引導他，甚至要給他獎品，但是要他跟一群人玩就像是要他命一樣！」看來老師已經束手無策。

少子化的社會，大人們對孩子寵愛有加，所以凡事都幫孩子準備好，加上孩子生活中缺乏同儕的互動，所以人際互動技巧、獨立性、語言表達能力都比以前的孩子來得落後一些，甚至臨床上遇過有孩子能夠與大人對答如流，但是遇到同年齡小孩就變得支支吾吾，甚至還會躲起來。

引導孩子進入團體的 3 步驟

「要孩子進入團體有三個步驟，」一般孩子不合群、不融入團體的狀況差不多，於是我給了老師基本的處理方法。

1 讓孩子在團體旁邊觀察

就像剛剛體育課一樣，讓孩子先看看大家在做什麼，這可以讓孩子熟悉團體進行的流程，同時可以學到同學們之間是如何互動的，這是最直接的技巧學習方法。

2 安排橋段讓孩子接觸團體

進入到第二步，「邀請孩子進入團體嗎？我們試過，沒有用的！」老師直接說出他的困難。

並不是唷！我們只要孩子接觸到團體的邊就可以，例如像剛剛孩子的體育課在玩丟接球，老師可以把一顆球「不小心」滾出團體，或者有小朋友沒有接到球的時候，請小男孩幫忙撿球，只要他把球拿回給一個人就可以，也不需要有什麼複雜互動。這讓孩子有實際跟團體互動的經驗，可以減低孩子對於團體的抗拒。

3 找一個小朋友來跟小男孩互動

進入第三步，可以找一個小朋友來跟小男孩互動，讓他固定與一個人互動，這樣可以減少互動時的不確定性，孩子會比較有安全感。同時可以跟孩子建立默契，例如當他覺得在團體中很不自在，他可以跟老師說「我不舒服」，老師可以允許他離開團體休息，這可以讓孩子覺得進入團體並非壓力，如果加上適當的稱讚，孩子將會更願意跟大家一起玩！

「老師，我有聽過你演講，這一招我們有用過，但在第二步就遇到很大困難了！他只要遇到會接觸多一點人的機會，就像磁鐵同極相斥一樣，根本就是直接反彈，還彈得遠遠的！」老師直接把我的方法打臉。

「這孩子還有其他問題嗎？」看來這小男孩的問題不單純，我得再多問問。「有！他很特別，大熱天的他還是都穿著長袖，一開始媽媽是說他擔心教室冷氣會冷，但是我們發現即使沒開冷氣、他熱得滿身大汗，還是穿著長袖外套！」老師說出孩子的怪異之處。

「媽媽有說他會討厭洗頭、洗臉、刷牙嗎？還是有挑食的狀況？」我繼續追問。「媽媽沒有說，但是他中午吃飯的時候有明顯的挑食問題，不過很奇怪，他都只吃一些豆腐、茄子、白飯、炒蛋這類軟軟的東西，比較硬的不吃，我們都說他很懶得咬！」

「這孩子的不加入群體的原因是因為『觸覺防禦』！」我總結出孩子的問題。這類的孩子由於觸覺敏感度過高了，外界環境對皮膚的刺激會讓他覺得不舒服，所以他穿長袖是要避免不熟悉的觸覺刺激，而他挑食的原因也是因為太硬的食物刺激太強了，所以就只挑些比較軟的食物吃。而不加入群體是因為跟別人距離太近了，很容易被別人觸碰，這會讓他覺得不舒服，所以他就盡量不要進入團體活動！這類的孩子到了一個新環境，常常會躲在角落，而觸覺防禦的問題，會讓他們覺得排隊、搭電梯都是很困擾的狀況。

「難怪！他開學的時候，會要求坐到角落的位置，排隊會排到最後一個，跟前面的同學也會保持距離。原來如此，所以他會等到沒有人的時候去上廁所，也是擔心會跟人接觸囉？」老師把孩子在學校的生活困擾做了總結。

後來，我們協助小男孩，安排了醫院的職能治療，加上老師在教室座位、人際互動上的調整，他慢慢的可以短時間跟大家一起上課了！

Q5　和同學有小摩擦時不會表述問題，怎麼教孩子表達？

在一堂團體課程中，我要大家輪流拿積木疊高，如果把積木塔弄倒了，那個孩子就要模仿一隻動物給大家猜。記得那堂課來了一個新同學叫做「阿海」，大家對於新同學的加入都感到興奮，玩起遊戲也特別投入。看這群孩子玩得起勁，我就暫時離開到隔壁教室準備下一個活動教具。

「我不要玩！」我只不過剛把隔壁教室的燈打開，就聽到阿海大叫。我跑回教室，只見阿海一個人在教室角落氣呼呼地站著，其他孩子坐在位子上面面相覷，沒有人敢拿積木。我請孩子們重新進行遊戲，然後到阿海面前牽住他的雙手。

「怎麼了？」我問阿海。「他們要我把積木弄倒！」阿海大叫說著。「才不是這樣！他都不會放……」其他孩子中有人想要解釋說明。

我制止了其他孩子的發言，請阿海慢慢說。「他們要我放上面，積木會倒！放下面才不會倒！」我越聽越糊塗。

下課後，我們阿海的媽媽聊起剛剛發生的事情，「老師，阿海就是不會把話講清楚，常常跟同學溝通不清楚，常常變成吵架，問

他到底發生什麼事，他越講越模糊！」媽媽的描述正是我剛剛的感覺。「老師，孩子有事情講不清楚，這樣很吃虧耶！該怎麼辦？」

孩子不想表達的 3 個原因

面對孩子無法把事情描述清楚，別急著要孩子「講清楚、說明白」，必須先了解孩子表達出了什麼狀況！

1 不會說

少子化的社會，孩子從小可以練習講話的對象比較少，即使爸爸媽媽常跟孩子說話，但由於相處時間長、大概知道孩子的意圖，所以孩子不用完整表達，爸媽也都懂得孩子的意思，但是孩子一進入學校，那就變成了一群「講不清楚」的小社會，彼此各說各話，難免就會有摩擦。除此之外，近年來「遲語兒」的人數越來越多，就是孩子發展語言的速度變慢了，因此出現口腔動作、構音等等問題，也導致孩子表達出現困難。

2 不想說

當孩子在面對同儕摩擦、或是遇到挫折的時候，心情已經夠糟糕了，這時候媽媽又來問東問西，孩子知道不說，媽媽一定不會善罷干休，但是大腦已經被情緒搞得無法好好思考了，所以說起話來可能就只剩短句，不然就是牛頭不對馬嘴，讓媽媽覺得孩子不好好配合，連媽媽的情緒都受影響了，這樣的惡性循環不僅讓孩子更不想說，甚至以後只報喜不報憂，發生事情都不讓媽媽知道了！

3 不能說

當孩子跟同學發生摩擦，老師知道了，想要問個仔細，而孩子卻支支吾吾說不清楚，甚至顧左右而言他，根本無法講到跟「案件」有關的內容。這樣的狀況近年來在小學生身上越來越多見，而孩子會有這樣的表現，是因為把事情跟大人（包括老師、家長）說，就像是告密者一樣！我曾問過幾個孩子，他們對於會跟老師、爸媽「告

狀」的人，會覺得他「很廢」，而這樣的孩子就很容易受到同儕排斥或者霸凌，所以孩子逐漸變得不跟大人說。

「那阿海屬於哪一種問題？」媽媽焦急地問。

「阿海應該是算是『不會說』的那一群，他在語言的組織上不是那麼地快速，所以說起話來讓人聽不懂他的邏輯。」我回答媽媽。阿海其實要表示的意思不是同伴要他把積木推倒，而是同伴給他建議放的位置，他覺得會倒，他想要放下面一點的位置而已。

給孩子空間與時間

「那我該怎麼做？」媽媽想要知道如何幫助阿海。

「像阿海這種『不會說』的孩子，需要的就是『空間』與『時間』，空間指的是需要一個人少的地方，比如只有阿海跟老師，這樣可以降低孩子的焦慮及緊張，可以幫助大腦穩定整理事件及組織表達內容。而『時間』就是要能夠等待囉！等待孩子組織好要講什麼，請孩子慢慢說，另外當孩子講完後，我們可以重複孩子說的句子，或是整理一下孩子講的重點，然後請孩子確認或更改，這樣的方式可以幫助孩子自己確認說的內容是否正確，增加孩子正確表達的經驗。」我給媽媽一些建議。

「那其他類型的呢？」媽媽繼續問。

對於「不想說」的孩子，需要的是「時間」，只要事件本身對孩子沒有立即的傷害，那麼就先緩一緩，等到孩子較緩和後再跟孩子溝通。而跟這類孩子溝通的方式，我會建議不要面對面聊，因為這樣很容易讓孩子又「不想講」了，所以利用畫圖、文字，甚至是跟孩子利用通訊軟體聊天，效果也都會不錯！對於這類的孩子，有時我們會想要幫助他們而急著要他們快說，但事實上孩子只是單純的「不想說」，而不見得「不會想」！他們也是能夠自我反省、自我成長，當過程卡關時，也能尋找大人協助，所以有時真的不能急！

　　至於「不能說」的孩子，媽媽平時可以跟孩子擁有只有兩個人知道的「祕密」，並且勾勾手約定不可以說出去。這樣的遊戲可以讓孩子知道可以信任大人、大人會保護他的祕密，這樣孩子遇到問題也就會願意跟大人說了！

　　了解孩子的表達風格，給孩子適當的時間與空間，孩子的表達能力會越來越進步！

Q6　和同學遊戲時，受傷不敢告訴老師、又不敢告訴爸媽，怎麼教孩子遊戲安全？

　　小和是一個每週都會準時來訓練的小一男生，但是突然間媽媽打電話來要請假，原本以為就是暫停一次課程而已，沒想到再見到小和，已經是一個月以後的事情了！

　　「他就下課跟小朋友玩鬼抓人啊！」媽媽一看到我就想跟我講小和發生的事情。「他被其他小朋友推倒了，腳踝有擦傷，結果他害怕被罵沒有跟老師說，其他小朋友也沒有說，回家以後也沒說。因為冬天，他就說要穿襪子睡覺，而且那幾天還自己主動去洗澡，我以為孩子上小學長大了，結果第三天早上，他喊著腳痛沒有辦法走路，我才發現他腳踝腫得好大、好紅，趕快帶他去看醫生，醫生說是蜂窩性組織炎，如果再晚去就要截肢了！」媽媽一邊說，一邊把小和拉過來，掀起褲管給我看他的腳。

　　「我以前有跟他說，有受傷、被欺負一定要講，可是不知道他就是不說，這是為什麼啊？以後又受傷該怎麼辦啊？我總不能每天都全身檢查吧！」媽媽憂心忡忡地問。

　　像小和這樣的狀況，我們要面對的有兩個問題，第一個是如何讓孩子跟大人報告發生的事情，這部分請參考〔問題 ❺〕，這邊我們就來談談如何讓孩子在遊戲中學會保護自己的安全。

203

通常我們都會提醒孩子，玩遊戲的時候要注意自己的安全，但是孩子玩瘋了也就忘記媽媽的耳提面命！甚至發生危險後，媽媽問他為什麼這樣玩，他不是回說「同學都這樣玩啊！」就是說「同學要我這樣做啊！」然後媽媽就會問他，「那同學要你去死，你去不去？」通常這樣的問句後，親子之間的溝通大概就結束了。

我們來比較一下「玩遊戲要注意自己安全」跟「別人要你去死，你去不去」，雖然兩者都是希望孩子能夠注意安全，但是對於幼兒園到小學低年級階段的孩子來說，他們總會認為「我現在沒事」就代表接下來也會沒事，不會去設想接下來可能發生的狀況，所以前者的說法，並不會建立孩子「未雨綢繆」的想法，也不會幫助孩子有任何保護自己安全的做法。我倒比較喜歡後者的說法，但是不必說得那麼嚴重！這樣的說法比前者實際、也讓孩子頭腦裡有個實際情況的畫面。

將狀況具象，幫孩子孩解決問題

基於這樣的想法，我通常建議爸媽可以從兩方面著手：

1 問題解決

找一些孩子遊戲的題材，如今天在學校玩的遊戲，或是電視上的劇情，也可以是看到別人的遊戲過程，跟孩子創造一些可能發生的情況，例如「剛剛你說你們在走廊上丟球，那如果球不小心掉出走廊，你要怎麼去拿？」帶著孩子思考在撿球的過程會有什麼狀況，並且討論該如何避免。

2 具體形象

遊戲或活動進行時，大人都會告訴孩子一些安全規則，但是這些規則對孩子來說，不見得容易知道規則的意義，所以我們必須幫助孩子把規則具體形象化。例如「跑操場要跟大家方向一致」，孩子可能覺得自己可以快速反應，所以不把這條規則放在心上，這時候我們可以來個「狀況劇」，試試看兩個人面對面跑過來會發生什

麼事，這不僅讓孩子心生警惕，也能學習如果遇到別人「逆向跑」時，自己該怎麼反應？

「老師，這樣我不就每天都要想很多狀況，還要跟孩子練習？」媽媽聽完後提出問題。

其實不必這樣做！首先，這樣媽媽給自己的壓力太大了！跟孩子聊天的過程或是生活中遇到的事情，就可以拿來跟孩子討論，而且也不用每天都這麼做，這樣反而讓孩子厭煩！只要遇到、想到時再來做就好了！如果真的要有個時間點，那麼一週兩、三次就夠了！其次，當孩子覺得這樣的討論很好玩，那麼孩子自然會跟你討論他遇到的事情，這時候媽媽就不用想題材了！甚至孩子會直接告訴你他會如何保護自己的安全，這時候你就會輕鬆了！

Q7 孩子和同學玩時常不小心推倒、絆倒同學，怎麼辦？怎麼說對不起？

每個孩子接受訓練的中間空檔，是我唯一可以喘息的機會。那天利用空檔時間上了廁所出來，就見到剛剛上課的孩子小哲被媽媽叫到一旁訓話，而等等要上課的小宇則是坐在位子上啜泣，媽媽則是輕輕抱著他。

「老師，小哲剛剛下課太興奮了，東跑西跑的，把其他小朋友撞倒了！」小哲媽媽率先跟我告狀。「撞倒就撞倒啊！小朋友不都是這樣的嗎？怎麼搞得那麼嚴重？」我心想。

「把人撞到就要道歉啊！」小哲媽媽繼續告狀，「可是他又沒有受傷！」小哲大聲地插話。「你不對就是要道歉，沒有理由！」小哲媽媽用跟小哲一樣的音量回答，這時，小宇媽媽出來緩頰「沒有關係啦！小宇只是嚇到，他自己也不小心！小哲沒有關係！」

「不行！這次不讓他道歉，他以後也不會注意！」小哲媽媽的堅持反而讓小宇媽媽覺得尷尬。「好！那小宇要先上課囉！等等小哲可以隨時進來跟小宇道歉！」我得設法將兩家人分開，於是先讓小宇進訓練室。

小宇下課後，小哲已經回家了，小宇媽媽說小哲媽媽硬押著小哲說道歉，小哲心不甘情不願地說了「對不起」以後，就頭也不回地往電梯走去。

這樣的道歉方式只不過流於形式，犯錯的孩子不知道為什麼要道歉，受傷害的孩子也沒有感受到誠意，感覺就只是走個流程而已！「不行！我得跟小哲媽媽聊聊！」後來我跟小哲媽媽特別約了一次諮詢。

「老師，怎麼讓孩子願意說對不起？」小哲媽媽在諮詢時一坐下馬上發問。

要讓孩子說「對不起」，必須要先讓孩子知道為什麼要說對不起。通常我們會告訴孩子「因為你錯了，所以要說對不起！」這樣的方式會有兩個誤區，第一是孩子會認為說對不起，就是認錯。第二是孩子覺得，做錯事只說對不起就沒事了，所以常會聽到有人說「我都已經說對不起了，不然你要怎樣？」這就代表我們要求孩子因為錯誤而說對不起的方法是不適當的。

正確的道歉方式

「那該怎麼說呢？」小哲媽媽急著想要知道正確的方法。

1 道歉是一種安慰

說對不起的前提不是因為自己做錯，而是「造成對方的損失」，像是上次小哲撞到小宇的狀況，我們可以告訴小哲「小宇因為被你撞到很痛，我們一起去跟他說對不起」，所以道歉是一種安慰，而不是認錯。就像是我們要跟別人說話前也都可能會說聲對不起，這

是因為別人必須停下手上的工作，而有所損失，並不是我們做錯事，這樣的方式不僅讓孩子不會對道歉那麼排斥，同時還能夠讓孩子更具同理心！

接下來就是要說「對不起」！孩子要說這三個字就跟大人說「我愛你」一樣困難，這裡有兩招可以使用。第一招是替代語，除了「對不起」，可以跟孩子一起想想其他替代語，像是「抱歉」、「失禮」、「不好意思」、「請原諒」都可以。第二招是趁機學習其他語言，像是「拍謝」（台語）、「sorry」（英文）、「ごめんなさい」（日文）也是很好的機會。每次要道歉時用不同的表達方式，可以降低非說「對不起」的尷尬，同時也可以讓大腦思考要用哪種表達方式，以降低道歉的壓力。

2 朗朗上口

跟孩子玩遊戲，把每句話都用「對不起」來當發語詞，像是「對不起！我要跟你說話！」「對不起！我要去尿尿」這讓孩子可以順利把對不起掛在嘴邊，以後要道歉的時候就不會覺得尷尬、有壓力了！

3 負責任

「那還有什麼要注意的嗎？」媽媽繼續問。「有！事件絕對不是在說對不起後就結束了！我們要讓孩子承擔起責任，並且必須善後，像是撞倒小宇後，不只道歉，還要扶起小宇，問問他是否需要幫助，甚至帶他去找大人求助等等，這樣才是完整的道歉流程。」我回答後，也差不多結束了這次的諮詢。

記得那次諮詢一、兩個月後，小哲上課時把一顆球丟到我，他竟然說了一句「對不起」，然後再去撿球。我相信，小哲媽媽一定做了很大的努力。

Q8 上課分心，聽話只聽一半，回家功課交待不清楚，沒辦法寫作業？

每次遇到連續假期，我總要跟個案家長連絡補課時間，因為我希望爸媽可以利用假期多陪伴孩子，別因為要上課而影響一天的行程。每次要跟崇崇的媽媽討論補課的時間總是遇到很多困難！通常補課會放在平常日的晚上，但是崇崇媽媽總會以崇崇要寫功課為由，無法安排補課。

「老師，對不起啊！因為每次崇崇上課都不把老師交代的事情記清楚，聯絡簿也不好好寫，所以每天回家根本不知道回家功課要寫什麼，所以我都要在群組裡跟別的媽媽問清楚，然後再盯著他寫功課，每天都要寫到半夜！」後來有一次上課，崇崇媽媽告訴我無法在平日補課的原因。

「老師，有什麼方法可以讓他專心一點？」看來媽媽想要解決這個惱人的問題。

選擇性 + 持續性專注力的問題

「當孩子沒有辦法把事情做好，我們都很容易認為是專注力出問題，如果真的是因為專注力問題，那麼比較可能是在選擇性專注力及持續性專注力出了問題。

選擇性專注力出問題的孩子，老師講話的時候，孩子無法立刻把注意力放在老師身上，可能會先注意其他訊息，然後中途注意到老師，沒多久注意力就又轉移了！所以這類孩子，對於老師交代的事情，開頭及結尾容易忽略，大概會比較注意到中段的訊息。

而持續性專注力出問題的孩子，對於需持續注意完整的訊息，可能持續個幾分鐘就分心了，因此這類的孩子，對於老師的訊息，大概就只能注意前半段，像是記得國語習作從哪裡開始寫，但是卻不知道要寫到哪裡。

「對！他這兩個都有，有時候只記得好像要寫數學，但是不知道要寫哪裡；有時候知道考試要從哪裡開始考，但是忘記要考到哪裡！」媽媽驗證崇崇的情況。「但是！如果是『專注力』出問題，不會只有在記指令或功課時出問題，連平常生活也會出狀況，像是過馬路沒有注意到紅綠燈或車子，連看漫畫書都可能只看一半就跑走了！」我提醒媽媽多觀察。

「好像沒有耶！好像只有功課出問題！」媽媽想了想回答我。我也不認為崇崇有專注力的問題，因為之前評估，崇崇比較衝動性一些，但是專注力還算是正常的。

工作記憶力的問題

「如果專注力不成問題，那麼就要考慮記憶力囉！」我繼續分析下去。

「一般我們都知道記憶力分為即時記憶、短期記憶、長期記憶，但是我們現在更在意的是『工作記憶』，就是為了完成任務所需要的記憶力，當完成任務就可以忘記了！所以工作記憶出問題的孩子，並不見得『記不住』，而是誤判任務完成的時機，當老師下達功課指令後，孩子雖然記住了，但是當老師抽問後，孩子就覺得『任務完成』，自然就把功課指令忘記了！」「可是崇崇這部分在平常還好耶！帶他去超市，要他幫忙找三、四個要買的東西，他可以很快找到，而且不會被糖果、餅乾、玩具吸引！」媽媽舉一反三地思考崇崇平常的表現後回答我。

訓練孩子的責任感

「好！那就有第三個原因了！責任感！」我繼續說。並不是孩子本身沒有責任感，而是當大腦發現有其他方法可以完成任務，大腦自然就會把原本屬於他的責任放掉，這是因為大腦平時要處理的訊息太多了，所以為了能夠更有效率生存下去，大腦自然會找尋最

輕鬆的方式進行！也就是説，當媽媽會幫孩子收集功課的資訊，還會監督功課完成進度，那麼孩子自然就不會對功課主動且認真！

「哇！是真的有那麼一點啦！那我該怎麼辦？」媽媽想了想，有點不好意思地問我。

專注力或是記憶力的問題，除了進行訓練以外，可以請孩子把功課項目好好地記錄下來，就像是寫聯絡簿一樣。現在很多學校會在早自習的時候就把功課出好，孩子一早就可以抄寫聯絡簿，所以時間應該足夠，而我們可以每天檢查聯絡簿，如果孩子抄寫完整，可以給予稱讚鼓勵，以加強孩子好好抄寫的動力。

至於責任感的部分，我只能建議媽媽「放手」！先跟老師溝通好，讓孩子自己經驗到功課沒有寫完整的結果，這樣就可讓孩子主動負擔起把功課完整記錄、完整寫完的任務，媽媽也能夠輕鬆一點了！其實解決方法並不困難！

大概一個月後，媽媽跟我説，他跟老師談好「處罰方式」，讓崇崇沒有完成功課時能夠受到合理的處罰。後來崇崇抄寫聯絡簿有比較完整，回家如果發現沒有抄寫完整，還會請媽媽幫忙上網看看電子聯絡簿的內容。媽媽説，現在真的比較輕鬆了！

Q9 家長需要陪讀嗎？怎麼幫孩子建立學習好習慣？學習時間表怎麼訂？

記得有一年雙十節是連續假期，那天，是連續假期的最後一天，我正貪婪地享受最後一天放假，突然手機響起，有個媽媽想要預約我的諮詢，而且希望隔天，也就是連假結束，上班的第一天。

這次的諮詢只有媽媽來，一進諮詢室坐下，就開始把這次連假的痛苦，一股腦兒地跟我説。「老師，我小孩剛上小學一年級，本來幼兒園還很乖，會自己看繪本，所以我們認為上小學應該沒有問

題，可以自己讀書。可是開學到現在，每天就只顧著玩，老師交代的功課，必須要我押他到書桌前、盯著他，他才肯寫，只要我一不留神，他不是發呆就是玩桌邊的東西，連瓶蓋都可以玩！這樣的狀況是不是注意力有問題？」媽媽首先懷疑孩子的專注力狀況。

「有可能，但是這要直接評估孩子才能知道！」我其實對於忘了提醒媽媽，諮詢要把孩子帶來，有點懊惱。「這次放假啊！老師有出了一些功課，其實並不多，我就想説來試試看他可不可以自己完成。我有跟他討論如何安排時間把功課寫完，結果他跟我說放假第一天上午就可以寫完，那時候我很高興，因為憑他的實力，的確可以完成。結果從第一天早上等到第二天晚上，他的功課還是原封不動放在書桌上，第三天我就受不了了！一早就盯著他寫功課，他一邊寫一邊哭，還跟我説，晚上再寫就好了！我被氣到了，所以上網跟老師約諮詢，想看看怎麼幫孩子養成讀書習慣，還有怎麼讓孩子依照著自己訂的讀書作息表來執行？」媽媽説出了這次諮詢的主要目的。

動機不足

首先，我們來了解一下，為什麼幼兒園時可以自己乖乖、安靜地讀繪本，上小學後就無法好好讀書、寫功課？雖然繪本、課本，對爸媽來説都是一樣的書本，但是對孩子來説就是不同！繪本帶來的是樂趣，因為孩子還小，想要探索、認識這個世界，所以對凡事都充滿興趣，而繪本中的圖案、文字，讓孩子覺得離這世界更近一步了，加上每次讀繪本都會被稱讚，所以自然加強了他讀繪本的動力。

但是上了小學，有些孩子已經會認很多國字了，這時候卻被要求要學習注音，對他來説這是一件本末倒置的事情，加上功課的出現，每天都被要求寫那些無法立刻「學以致用」的圖案，還不如畫迷宮來得好玩。更重要的是，我們開始認為孩子把功課寫好、把書讀好是他的本分，所以忽略了稱讚，那麼孩子自然無法自動自發讀書。

「那我該怎麼讓孩子能夠自動自發讀書呢？剛剛聽到要稱讚，所以我只要稱讚他就好了嗎？」媽媽問。

「當然不夠，因為『稱讚』只會提升孩子的外在動機，他的『內在動機』沒有提升，那麼當媽媽沒有稱讚，孩子就又不讀書了！要讓孩子有內在動機，最重要的就是要有成就感，簡單的說，當孩子發現學習的字能夠在生活上運用，他自然覺得自己有進步，成就感自然就有啦！所以要讓孩子喜歡學習數學，可以跟他比賽讀出路上經過車輛的車牌，想要孩子願意練習注音，可以讓孩子嘗試用通訊軟體跟親戚打字聯絡。當孩子讀車牌越來越快、親戚因為孩子發文而回應，孩子就會覺得讀書寫字是好玩、有意義的！」我提供了幾個方法讓媽媽參考。

「用手機傳訊息好像不錯，至少不會讓他每次都是在玩遊戲。那孩子願意讀書寫字，是不是我就不用盯著他了？」媽媽好奇地問。

運用計時器

「基本上是的！但是這裡我會建議還要建立孩子的責任感，讓他能自我要求讀書，否則會容易分心！這方法很簡單，利用一個倒數計時器，先從三分鐘開始，給孩子一個目標，像是三分鐘寫好一行字，接下來就按下計時器，媽媽就離開，等到三分鐘到了，如果孩子做到了就給稱讚，如果做不到就繼續練習。這樣的方式不只建立孩子的自我要求、責任感，還能提升孩子的專注力！」媽媽邊聽邊開始抄起筆記。

從短時間表開始

「那我該怎麼讓孩子能夠照個作息表讀書呢？」媽媽邊寫邊問。

這部分我建議別操之過急，小學低年級的孩子，規劃組織能力還不是那麼成熟，執行能力更無法持續，所以我們先從短時間的作

息開始，例如計畫早上十點開始寫功課，十一點前如果能寫完，那麼到午餐前孩子就能自己玩。接著我們可用手機拍一下課本、玩具、午餐，然後列印出來，在白紙上大大地寫上時間，然後在時間旁邊貼上照片。別忘了孩子還小，對於文字還不夠認識、對於時間還無法馬上辨讀，所以能夠圖像化最好。接著就讓孩子執行，如果十一點前完成功課就可以玩，如果沒有完成，那就把玩具那張照片拿走，這表示孩子必須繼續寫功課到午餐時間。

「先從短時間的作息表，讓孩子知道看作息表執行的意義，然後再慢慢拉長時間。至於要孩子能夠自己訂學習計畫，那要等到小學三年級以後比較適合。」我邊說，腦海出現自己小孩小時候跟我討論學習時間如何安排的請景。

預留彈性時間

「好！那我現在幫他訂學習作息表，有什麼要注意的呢？」「有兩點要特別留意，首先要能夠『滾動式調整』，孩子無法完成功課，不見得是孩子不認真，有時候是作息時間安排不恰當。另外，要記得留『彈性時間』，不要每件事都緊接著安排，萬一突然肚子痛或是有突發事件，那就無法應變了！而且彈性時間可以作為孩子無法完成功課的緩衝時間，或是提早完成功課的遊戲時間，這樣的作息安排才會有趣、沒有壓力。」我希望媽媽能夠先以這兩點來設計作息表。

那次諮詢後一週，媽媽傳來照片，是他與孩子拍攝了各個作息事件的照片，然後用一張壁報紙做成的時間表。媽媽說「現在孩子比較喜歡學習了，尤其是主動跟我要求要學習看時鐘！」

Q10 注音、國字、數字的筆畫及筆順怎麼記？
怎麼寫才能在格子內？

　　偶爾，我喜歡「隱身」在候診區，除了可以看看孩子們在訓練課程外的另一種表現，同時也可以聽到媽媽們對孩子的評語及對治療師們的評價。

　　那天，看到角落裡一個孩子安靜地寫著功課，那裡的光線不太夠，我順手把角落的電燈打開。這樣的動作吸引了媽媽，而我也被媽媽認了出來。

　　「老師，你看看我孩子的功課」媽媽拿起孩子的作業簿給我看，那是本國語作業簿，裡面的字就是那種剛學寫字的筆跡，該連起來的沒連起來、該大的地方不大、該直線的寫成曲線，還有方向寫反的部分，這些對我來說都算是正常，但是媽媽卻擔心的說「老師你看，字寫得那麼醜，筆畫寫不好、筆順教不會，連字都不好好寫在格子內，你可以告訴我該怎麼辦嗎？」

　　「字的美醜是很主觀的，如果我們用大人的標準來看孩子寫的字，一定醜，但是孩子並不會認為醜啊！因為同學寫出來的字，也大概都是這樣，然而一直被媽媽說字寫得很醜，孩子會越來越沒自信，對寫字開始卻步，最後開始逃避國語功課，導致媽媽要一直盯著孩子寫功課喔！」我真的覺得字的美醜並沒有科學化的判斷，所以根本不該說孩子的字是醜的！

　　「更何況，現在電腦裡的字體還有特別以孩子寫的字為範本，像是童童體、娃娃體，所以我們的重點應該不是放在美與醜，而是放在能不能看得懂！」我認為文字是用來溝通的，而不是用來比賽美醜的！

「好！但是學校老師跟我抱怨孩子的筆畫跟筆順就是不對，該怎麼辦？」媽媽問。

我對於「筆畫」跟「筆順」的定義是，「筆畫」是每個部件的構成方法，例如「口」字的上面跟右邊筆畫要連起來，而「筆順」則是每一筆的順序，例如「口」要先寫左邊一豎。

另外，我們學習英文字母的時候，並沒有強調筆順，但是為什麼國字卻要有筆順，甚至連教育部都訂定筆順規則呢？這是因為古代人是用毛筆寫字，每一筆都有輕重，所以依照筆畫來寫，才會有「美」的感覺！但是現代都用鉛筆、原子筆了，是不是真的要依照筆順呢？依照筆順的最大缺點，就是讓剛學寫字的孩子覺得寫字很累，降低了學習國字的動機。「所以不用照筆順嗎？」媽媽張大眼睛問。

當然不是！而是我認為必須先建立孩子寫字的動機，所以我不反對先讓孩子「畫」字！先把字畫出來，只要畫出可以辨認的字即可，接著可以讓他看看別人寫的字，或者感覺一下自己寫字的速度，告訴孩子，「我有方法讓你寫字快一點、比別人的字漂亮一點，一起來試試看吧！」這時候告訴孩子筆順，孩子會更願意學！

筆順該怎麼記？

「這要提到學習筆順的好處，就是看到前幾筆畫，就可以知道這個字是什麼，這能幫助孩子快速辨認文字。我們就用這個方式來玩遊戲，媽媽在紙上先寫一筆畫，讓孩子猜猜這可能是什麼字，接著再陸續寫後面的筆畫，看看孩子在第幾畫能猜到，接下來就換孩子寫，媽媽可以故意猜錯，讓孩子依照筆順把字寫完，同時也獲得贏媽媽的成就感。這樣的遊戲讓孩子在學習新字時，就會更願意記住筆順，因為回家可以考媽媽呀！」我邊說邊在紙上寫字給媽媽猜。

「那他寫字會超出格子，怎麼教？」剛學寫字的孩子狀況本來就會很多，其實這只是過渡期，不過既然媽媽問了，還是回答一下吧！

孩子剛學寫字本來就不太能夠控制位置，除了耐心陪伴、教導外，我會用名片只割出作業簿格子大小的格子，把名片紙蓋在作業簿上，然後讓孩子寫字，如果超出格子，那麼筆就會撞到名片紙，這就提醒了孩子字寫太大了，得特別注意！慢慢練習的結果，孩子的本體覺系統就能知道格子的大小，也就能夠控制字體的大小及位置了！

最重要的是，要讓孩子感覺到寫字的樂趣喔！」我最後還是要特別提醒一下，免得孩子不想寫字、抗拒文字，而影響到學習！

Q11　寫作業不專心，一直分心做別的事，老是寫很久，怎麼改善？

有位媽媽跟我預約諮詢，我提醒她孩子要跟著來，因為這樣才好現場評估孩子的狀況。但是媽媽表示孩子白天要上學、放學要到安親班，週末假日也安排滿滿的活動，所以只能她自己來，並且跟我再三保證，我一定能夠了解孩子的狀況。半信半疑中，我還是答應了媽媽的諮詢。

那天上午，媽媽一個人來了，「老師，我的孩子專注力很差，所以一定要把他的行程排滿，這樣他就沒辦法分心，而且可以把時間都放在學習上！」

「那他平常有什麼不專心的狀況嗎？」我開始收集孩子的問題。

「現在最麻煩的就是寫功課時間拖太久，平常日放學在安親班

寫功課，老師跟我說他很容易跟旁邊小朋友講話，再不然就是東摸西摸，只要外面有一點聲音，他就跑到外面看。反正功課就是沒辦法寫完，回到家還要我盯他寫功課，我在他旁邊，他就找機會跟我講話，我不在他旁邊，他就又開始東摸西摸，只要桌上有東西，都可以變成他的玩具。」媽媽一邊說，一邊拿出手機給我看，畫面中一個孩子面向書桌，偶爾拿著筆書寫、偶爾發呆、偶爾東張西望、偶爾玩起玩具。「老師你看，我在他後面放一個監視器，你看他真正在寫功課的時間根本沒多久！」原來媽媽保證我能了解孩子的狀況，是因為他把孩子的狀況都錄影下來了！

「老師，我孩子是不是過動啊？他都不能專心！」媽媽擔心地問。

「真的都不專心嗎？除了寫功課、讀書以外，還有什麼時間不專心？」我請媽媽多說些孩子的狀況。

「好像沒有耶！他自己看繪本還蠻專心的，疊積木、拼圖也都幾乎到『廢寢忘食』耶！」媽媽自己越講越懷疑，「所以他真的算不專心嗎？」

「臨床上發現，孩子不專心的問題絕大部分在上課、寫作業、讀書等學習時刻，頂多幼兒園的孩子還會有吃飯不專心、睡覺翻來覆去不專心，而其他時候就很少聽到有不專心的狀況了！而真正的不專心，或是『過動』的孩子，隨時隨地都會表現出問題，即使是滑手機、玩平板，甚至是連走路都會有分心的狀況，因此，很多孩子的專注力問題，原因並不在『專注力』！」我先分析孩子的問題。

「那我孩子的問題是什麼？」媽媽聽到問題原因不是專注力，感到更憂心了！

如果孩子大部分是遇到學習的時候無法專心，那麼我們要考慮的是「學習動機」的因素了！畢竟學習並不是件有趣的事，或許在幼兒園孩子還覺得學習新鮮、有趣，但是進入小學，每天重複地寫字、算數學題，孩子感覺不到樂趣，自然專注力無法集中！

3 招讓孩子覺得讀書好好玩

媽媽聽完點點頭，「那怎麼讓他覺得讀書很好玩呢？」

1 稱讚

我們來試試三招，第一招是「稱讚」，我們要找出孩子在寫功課、讀書時的亮點，像是「剛剛那一個筆畫寫得很直」、「這個數字對齊得很準」、「剛剛那一句你都讀對了耶」，根據孩子表現內容給予稱讚，可以增強孩子對於這些優良行為的持續表現，同時獲得成就感，那麼孩子就不會覺得讀書、寫字是件苦差事了！

2 準備計時器

第二招，我們把時間交給孩子，先準備個計時器，一開始我會建議先訂三分鐘，告訴孩子這三分鐘要完成的功課內容，按下計時器後，媽媽就可以離開，等時間到後再來檢查，如果達到目標，孩子可以稍微休息，或者獲得一顆積點星星，如果沒有達到，那麼就重新來一次。「只有三分鐘會不會太短？」媽媽問。

一點也不會！大家平常會聽到幾歲的孩子該專心幾分鐘，但事實上這些數據並沒有詳細分別「注意力」跟「專注力」的差別，簡單的說，孩子要很投入功課、很專注，持續時間三分鐘已經算很久了！當然，當孩子可以輕鬆三分鐘，我們就可以把時間拉長！

3 跳躍書寫

不等媽媽回應，我繼續說，第三招，「跳躍書寫」，這也是我最喜歡用的一招！我們看看孩子的功課，國字必須一行一行、一個接一個的寫，數學必須一題一題地算，這種「作業線」的單調方式，會降低大腦警醒度，專注力自然下降！所以我們可以讓孩子跳著寫，可以利用丟骰子決定寫哪一題數學，也可以把國語作業簿標上座標，抽籤找座標寫字。這樣比較活潑的方式，雖然感覺挺花時間的，但是跟孩子分心的時間來比，其實節省很多了！

「可是這樣跳著寫，會不會漏掉？」媽媽總是會有許多擔心。

「會啊！但是我們可以利用這個時候帶孩子練習『檢查』，否則我們只有在考試的時候告訴孩子要檢查，但是他根本不知道該怎麼檢查啊！」我解釋。

「原來如此，看來這三招不只讓孩子可以更專心，孩子會更喜歡學習，會更願意主動學習！」媽媽露出笑容說著。

學習，真的不是件快樂的事，爸媽們小時候願意學習，是因為要避免被打、被處罰。而現在孩子可以利用正向教育的方式，讓孩子體會學習的樂趣，這樣才能達到「父母輕鬆教養，孩子快樂成長」的目標！

Q12 孩子第一次考試成績不理想，受到打擊怎麼安慰他？

有一個「小時了了」的孩子，家長要注意什麼？我想，必須要注意孩子什麼時候「跌倒」，但「跌倒」並不是壞事，而是另一個變得更強的起點！

記得我兒子在幼兒園時期特別聰明，別說在學校學的東西了，連湯瑪士火車的號碼、名字、車體顏色都可以配對得滾瓜爛熟，甚至每個鋼鐵人的號碼跟特徵也都記得特別清楚。我們都覺得他記憶跟邏輯特別好，而正當大人們都在稱讚他的時候，我告訴自己「這是危機的開始」。

沒想到，這樣的「好日子」竟然維持到了兒子上了小學。小學低年級的課程，基本上靠孩子的聰明才智都可以輕鬆應付，所以兒子也更感到自豪！

但是，記得第一次月考結束、發考卷的那天，我大概晚上七點鐘回到家。一進家門就覺得氣氛不對，兒子乖乖坐在沙發上，不像平常會在積木堆裡玩耍，家裡其他人的臉色也臭臭的。我偷偷問了一下老婆，原來兒子的某一科考了 80 分，相對於其他科都 90 分以上，這一科的分數，的確讓「大家」深受打擊。這時家人們的眼神望向了我，彷彿說著「接下來就看你這個爸爸要怎麼教了！」

　　為了顧及孩子的面子、還要能跟家人交代，我收起笑容，嚴肅地跟兒子說「去房間等我！」兒子低著頭走進房間，而我也跟在後面，順手關上了門。我請兒子站到床上，因為這樣視線高度才會跟我差不多高，然後嚴肅地跟他說「把手伸出來」。兒子顫抖地伸出右手，彷彿預期著我要打他手心，這時我也伸出手，突然跟他握手，「恭喜你！考 80 分！」只見兒子心防完全瓦解，豆大般的淚珠奪眶而出，我順勢把他抱入懷中，其實只是不想讓他看到我也掉淚。

　　過了一會兒，嚎啕大哭變成了低聲啜泣，我問他「考 80 分的感覺好不好？」「不好！」兒子吸了一口氣後回答。「那我們以後要不要這種感覺？」「不要！」依舊是簡短的回答。

　　「把拔恭喜你是因為你現在就體會到考試不理想的感覺，這樣比等到以後大考試才考不好，要來得好很多！至少我們現在還有補救的機會！記住今天這樣的感覺，以後我們要努力不要有這樣的感覺！」我坐到床邊，並請兒子也坐下來。

　　「要怎麼樣才不會有這樣的感覺？」我問兒子。「分數要高一點！」兒子順口回答。「那要怎麼高一點？」「要認真！」看來兒子無法想到確實的做法。

　　「以後考試前我們都請媽媽幫你複習，然後你要都背起來，這樣就可以得高分了，好不好？」「好！」兒子突然有抓到一根浮木、燃起一線希望的感覺，嘴角開始微微上揚。

　　從那天起，我大概每兩、三天都會提醒他考 80 分這件事，一直到下一次考試前。後來，遇到大小考試，只要我們要幫他複習，他不會排斥，甚至主動跟我們約定複習時間，後來上了中學，還會規畫讀書及複習時間。

　　每次我把這個故事分享給來聽我演講的家長們時，就會有人問，為什麼我敢用「恭喜」的方式？難道不怕孩子覺得考低分沒有關係嗎？我笑了笑說，「大家都會用處罰的方式來警惕孩子考低分，但是常常只是處罰到表面、展示父母的權威，這只會讓孩子有『忍一時皮肉之痛，換來海闊天空』的想法，也就是現在痛苦些，之後爸媽就不會再管我了！這樣的處罰並沒有罰到心裡，所以孩子真的會沒有感覺。孩子考不好，難道他會沒有感覺嗎？我不相信！既然他已經有感覺了，我再強調他考不好也不會有效果，所以我利用嚴肅的語氣、不按牌理出牌的動作，造成的氣氛差距，讓孩子情緒宣洩出來，在哭泣中感受考不好的難過感覺，這樣才能讓孩子心生警惕啊！」

　　「再來，我引導孩子討論出實際的改善方案，讓孩子感覺到聽爸爸的話就有希望，以後才會對大人言聽計從。同時又利用『複習』的方式，讓孩子回顧考不好的負面情緒，以後才有動力想辦法不要再考低分，這要比大家每次考不好就打、打完還是考不好要來得有效率多了！」

　　我們都在強調「正向教養」，但是「正向」並不是報喜不報憂，更不是毫無理由的稱讚，而是必須正面積極的面對與改善教養上的問題，所以當孩子考試不理想，我們要先讓他能體會這樣的情緒感受，接著帶著他嘗試各種改善方法，這樣才能讓孩子有信心面對考試及生活中的各種挑戰！

阿鎧老師小一先修班 ▶

幼兒的讀寫・專注力遊戲
讓孩子仔細讀、認真寫、專心上課

【暢銷增訂版】

作　　　者	張旭鎧
選　　　書	陳雯琪
主　　　編	陳雯琪
特 約 編 輯	高旻君

行 銷 經 理	王維君
業 務 經 理	羅越華
總　編　輯	林小鈴
發　行　人	何飛鵬
出　　　版	新手父母出版
	城邦文化事業股份有限公司
	台北市中山區民生東路二段 141 號 8 樓
	電話：(02) 2500-7008　傳真：(02) 2502-7676
	E-mail：bwp.service@cite.com.tw
發　　　行	英屬蓋曼群島商家庭傳媒股份有限公司城邦分公司
	台北市中山區民生東路二段 141 號 11 樓
	讀者服務專線：02-2500-7718；02-2500-7719
	24 小時傳真服務：02-2500-1900；02-2500-1991
	讀者服務信箱 E-mail：service@readingclub.com.tw
	劃撥帳號：19863813
	戶名：書虫股份有限公司

香港發行所	城邦（香港）出版集團有限公司
	香港灣仔駱克道 193 號東超商業中心 1F
	電話：(852) 2508-6231　傳真：(852) 2578-9337
	E-mail：hkcite@biznetvigator.com
馬新發行所	城邦（馬新）出版集團 Cite(M) Sdn. Bhd. (458372 U)
	11, Jalan 30D/146, Desa Tasik,
	Sungai Besi, 57000 Kuala Lumpur, Malaysia.
	電話：(603) 90563833　傳真：(603) 90562833

封面設計 鍾如娟
版面設計、內頁排版、插圖 鍾如娟
製版印刷 卡樂彩色製版印刷有限公司
2021 年 09 月 07 日 二版一刷
定價 450 元

Printed in Taiwan

ISBN 978-626-7008-04-1

國家圖書館出版品預行編目 (CIP) 資料

阿鎧老師小一先修班，幼兒的讀寫.專注力遊戲
暢銷增訂版：讓孩子仔細讀、認真寫、專心上
課／張旭鎧著. -- 2 版. -- 臺北市：新手父母出
版，城邦文化事業股份有限公司出版：英屬蓋曼
群島商家庭傳媒股份有限公司城邦分公司發行，
2021.09
　　面；　　公分. -- (好家教；SH0166X)
ISBN 978-626-7008-04-1(平裝)

1. 幼兒教育 2. 學前教育 3. 遊戲教學

523.2　　　　　　　　　　　　110011683